RHEA LOADER

TRAUMSTEINE

DAS ORAKEL
DER LEBENDIGEN ERDE

Titel der englischen Originalausgabe:
Dreamstones: Magic from the Living Earth

Deutsche Übersetzung von Hannah Klein

Gesamtgestaltung von Peter Craemer

1. Auflage

© Rhea Loader
Original edition Prism Press, 1990
(represented by the Cathy Miller Agency, London)

© German language edition
Edition Tramontane, Bad Münstereifel, 1991

Satz: Zero Typografischer Betrieb, Moers
Druck und Bindung: Clausen & Bosse, Leck

ISBN 3-925828-23-0

Widmung

Wenn ein Buch eine Hebamme haben könnte,
dann hat Brandy Williams bei seiner Geburt geholfen.
Wenn eine Muse eine Schwester
und Freundin inspirieren kann,
dann hat sie dies für mich getan.

Danksagung

Dieses Buch entstand mit der Ermutigung und Unterstützung von einigen ganz besonderen Menschen in meinem Leben: Colin, der mich einen Schwur ablegen ließ; Christopher Scott, ein Bruder, der einen Weg der Magie geht; Bill Beattie, ein geliebter Gefährte, dessen sorgfältige Bearbeitung den TraumSteinen zusätzlichen Glanz gab; Orchard Collie, helfende und rettende Hand für Design, konzeptionelle Unterstützung und Kritik an der Gestaltung; und Nevill Drury, der an das Buch glaubte und mich darin bestärkte, als ich es am nötigsten brauchte.

Besondere Anerkennung auch für Tracie Forsyth und ihre Mitarbeit bei den Mandala-Darstellungen an den Kapitelanfängen und für Amanda Radziwon, die in elfstündiger Arbeit das Register erstellte.

Aufrichtigen Dank an Don für seinen Mut und seine Lebensbejahung, der mich davon überzeugte, die ersten Worte dieser Reise aufzuschreiben; und an die Frauen aus dieser Zunft, die mich unterstützten und mir das Leben schwer machten, die kreativ mit mir arbeiteten und mich auslachten, die mit mir zelebrierten und mich in Frage stellten.

INHALT

Teil I   DIE MAGIE DER LEBENDIGEN ERDE
Kapitel 1   Alte Orakel 11
Kapitel 2   Wie dieses Buch zu gebrauchen ist 19
Kapitel 3   Die lebendige Erde 25
Kapitel 4   Träume und Steine 33

Teil II   PRAKTISCHE STEINMAGIE
Kapitel 5   Die ersten Anfänge der Divination 47
Kapitel 6   Elementarenergien 51
Kapitel 7   Arbeit mit Energie 55
Kapitel 8   Das Stein-Pentagramm 63
Kapitel 9   Der Steinwurf 77
Kapitel 10   Die Deutung des Orakels 82

Teil III   DIE ERFORSCHUNG DES ORAKELS
Kapitel 11   TraumStein-Kreise 103
              Der Erste Ring 108
              Der Zweite Ring 127
              Der Dritte Ring 143
Kapitel 12   Professionelle Divination 159

Teil IV   VARIATIONEN
Kapitel 13   TraumSteine 171
              Schlüsselassoziationen 180

Teil V   ANHANG
Anhang A   Orakeltücher für TraumSteine 193
Anhang B   Die Steine von Brisingamen 196
Anhang C   Nachwort: Eine innere Reise 205
Anhang D   Hinweise für Bezugsquellen 209
              Musterseiten 210
              Literaturverzeichnis 212
              Register 216

Teil I

DIE MAGIE DER LEBENDIGEN ERDE

Kapitel 1

Einleitung: Alte Orakel

Die Divination ist ein Weg, in einen Dialog mit dem Göttlichen einzutreten – in welcher Form auch immer dieses Geheimnis verstanden werden mag. Dieser Weg, alte Orakel zu kennen und zu Rate zu ziehen, dient der Wahrnehmung von Energiemustern im Universum. Diese Zukunftsschau ist vielgestaltig, sie reicht von der Deutung flackernder Formen im Feuer bis zur Präzision und Ordnung der Astrologie. Zu den ältesten Orakeln gehören die Divination aus der Natur und verschiedene Formen des Steinwurfs in Verbindung mit Runensystemen und Kristallsehen. Viele dieser Methoden schließen eines oder mehrere der folgenden Elemente ein:

1. die Deutung von Energiemustern in der Natur (wozu das Kristallsehen gehört)

2. die Deutung von Namen, Zahlen, Planetenaspekten und Träumen

3. der Wurf mit Gegenständen, die bestimmte Muster bilden (Steine, I Ging usw.)

4. die bewußte Plazierung von ausgewählten Gegenständen in einer bestimmten Ordnung (dafür ist das Tarot ein gutes Beispiel)

5. Deutung anhand des Körpers (Hände, Augen, Kopf, Körpersprache usw.)

Jedes divinatorische System ist ganz und in sich selbst vollständig, auch wenn viele, die ein Orakel benutzen, mehr als nur ein System für die Deutung heranziehen werden.

Was ist ein Orakel?

Das Wesen des Orakels läßt sich am besten in Zusammenhang mit dem Begriff eines kollektiven Rätsels erklären, dem mythischen Bewußtsein eines ganzen Volkes, das Teil ist vom Träumen des Erdgeistes, Gaia. Wir alle können in Verbindung zu diesem Orakel treten, und dies tun wir auch allnächtlich in unseren Träumen. Wir können von diesem Träumen lernen und seine Botschaft mit in unsere Alltagswelt nehmen, wenn wir das Geheimnis selbst akzeptieren lernen – das jenseits von Worten, feststehenden Bedeutungen oder konkreten Begriffsbestimmungen ist. Unsere Ahnen schöpften aus demselben tiefen Brunnen des Wissens, wenn sie die alten Wahrsager um Rat fragten. Der Begriff »Orakel« war gleichzeitig der Name für das Geheimnis und, zu manchen Zeiten und an einigen Orten, der Name für den Wahrsager, der jenes Geheimnis deutete. Auch Dichter, Musiker, Künstler und Priester, die Schöpfer von Fest und Ritual, sind auf diese Energie eingestimmt und stets von dem Ort des kollektiven Träumens inspiriert worden. Das Orakel ist für alle da, die zuhören und einen Ort der Ruhe in sich selbst schaffen wollen, wo sich Bilder aus ihrem inneren Bewußtsein widerspiegeln können.

Die Elemente der Divination

Allen divinatorischen Systemen sind bestimmte Elemente gemeinsam:
* das Spiel mit dem Zufall
* eine Reihe von Schlüsselassoziationen für das System
* die Deutung der Schlüssel
* ein bedeutungsvolles Energiemuster, das den Handlungsfaden erschafft.

Das Element des Zufalls

Der Wind läßt die Wolkenformationen am Himmel treiben, Holz brennt mit unregelmäßiger Flamme, die Wogen des Ozeans brechen sich auf zufällige Art und Weise – diese und andere Energiemuster können von einem Natur-Wahrsager gedeutet werden. Andere divinatorische Systeme werden durch den Zufall beim Schütteln von Steinen oder Knochen, das Mischen von Tarotkarten oder die Wirbelbewegung von Teeblättern bestimmt. Das Zufallselement ist notwendig, da es eine Verbindung zwischen der Person, die das Orakel befragt, dem Orakeldeuter und dem Geheimnis darstellt. Beim Tarot werden die Karten gemischt, während sich der Fragesteller auf seine Fragen konzentriert; beim I Ging werden Münzen oder Schafgarbenstengel geschüttelt und dann geworfen; bei den TraumSteinen läßt man die Steine von Hand zu Hand gleiten, ehe sie geworfen werden. Der Fragende und der Deuter des Orakels stellen eine Verbindung zu ihren Arbeitswerkzeugen her und bringen durch eine auf dem Zufall beruhende Handlung die variablen Größen ins Spiel, von denen die Deutung bestimmt wird.

Eine Reihe von Schlüsseln

Jedes Weissagesystem hat bestimmte Schlüssel, welche die Pforten der Wahrnehmung öffnen und den Orakeldeuter dazu befähigen, innerhalb eines vorgegebenen Rahmens zu arbeiten. Diese Reihe von Assoziationen oder Bedeutungen für bestimmte Objekte bildet die Basis für das Verständnis der Energiemuster in jedem beliebigen Augenblick. Dafür einige Beispiele:

TraumSteine:	23 Steine mit feststehenden Bedeutungen für jeden Stein
Meeressteine:	10 Steine mit Bildsymbolen
Tarot:	78 Bildkarten (22 große und 56 kleine Arkana)
I Ging:	8, aus jeweils 3 Linien bestehende Zeichen, Trigramme genannt, aus denen 64 Hexagramme entstehen
Runen:	22 Platten aus Holz oder Stein (von de-

	nen eine manchmal leer bleibt), die mit symbolischen Linien beschriftet sind
Numerologie:	9 Zahlen, von denen jede eine feststehende Bedeutung hat
Handlesekunst:	die Hauptlinien in der Hand haben, mit Bezug zur Astrologie, Schlüsselbedeutungen; ihre Form ist bei jedem anders
Astrologie:	die Gestirnskonstellation zur Zeit der Geburt wird in ein zweidimensionales System übertragen; dieses besteht aus Bedeutungen für die Planeten, für den Himmelsbereich, in dem sie plaziert sind (astrologische Zeichen) und die Numerierung dieses Quadranten in Beziehung zum Horizont (Häuser).

Diese Schlüssel stehen auch in Verbindung mit magischen Systemen, religiöser Verehrung und Mysterientraditionen; für denjenigen, der über sie meditiert, sind daher tiefere Deutungen zugänglich. Das Wissen um diese esoterischen Aspekte der Schlüssel verstärkt die psychischen Fähigkeiten des Orakeldeuters und ermöglicht es ihm, bei der Ausübung seiner Kunst auf den Reichtum einer alten Weisheit zurückzugreifen.

Die Deutung der Schlüssel

Die Schlüssel werden innerhalb eines vorgegebenen Rahmens und in einer bestimmten Reihenfolge gedeutet. Bei den alten Formen der Divination aus der Natur gibt es traditionelle Bedeutungen für den Wind, der aus unterschiedlichen Richtungen weht, für die Gruppierung und Bewegungsrichtung von Vögeln, Fischen, Vieh und Wild. Diese Bedeutungen sind oft mit der Eigenart eines Volkes in einer bestimmten Region verbunden und werden deutlich die Lebensweise und Glaubensstrukturen jenes Volkes widerspiegeln. Wenn jemand aus einer anderen Kultur das Weissagesystem jenes Volkes erlernen will, muß er dafür den äußeren Rahmen verstehen, der ihm seine Gültigkeit gibt. Erst dann können an jenem System Veränderungen vorgenommen werden, die Ausdruck der persönlichen Realität sind. Bei Systemen, die nach den Jäger/Sammler-Gesellschaften entstanden sind, und besonders bei solchen, die in einem modernen Kontext angewendet werden, ist ein Verständnis des ursprünglichen Rahmens von wesentlicher Bedeutung. Wenn wir kein Gefühl für Geschichte und Tradition haben, sind uns auch die Tiefe und Differenziertheit alter Methoden nicht zugänglich. Wenn wir beispielsweise etwas über nordische Runen lernen wollen, ist es notwendig, ihren ursprünglichen Kulturzusammenhang zu begreifen, so daß den Schlüsselbegriffen moderne Bedeutungen zugeschrieben werden können. Ein Beispiel hierfür ist die »F«-Rune, die traditionell mit Vieh und daher, für die alten nordischen Wahrsager, mit Reichtum assoziiert wird. In moderner Terminologie wäre es berechtigt, bei dieser Rune an Vermögen, Aktien und Wertpapiere zu denken – eine Form des Reichtums, die leicht gegen andere Güter oder Dienstleitungen eingetauscht werden kann. Diese Rune hat auch mehrere esoterische Bedeutungen, die auf ähnliche Weise übertragen werden können.

Ein bedeutungsvolles Energiemuster

Damit das Orakel von Nutzen sein kann, muß eine persönlich bedeutsame Auslegung gefunden werden. Dieses Element unterscheidet aus Büchern angelesenes Wissen von der wahren Kunst der Divination und ist vielleicht am schwierigsten zu beherrschen. Ein Handlungsfaden entsteht aus der Verbindung der individuellen Schlüssel und den angewandten psychischen Fähigkeiten des Orakeldeuters.

Die Entwicklung eines Systems

Dieses Buch untersucht eine Methode des Steinwurfs, deren Ursprünge in den mythischen Ordnungen und divinatorischen Praktiken mehrerer alter Völker zu finden sind. Das TraumStein-System bezieht sich auf keltische, piktische und angelsächsische Überlieferungen; diese sind mit noch urtümlicheren Systemen verschmolzen worden, die auch heute noch bei eingeborenen Völkern auf der ganzen Welt in Benutzung sind.

Es ist für mich immer ein wichtiger Punkt gewesen, daß die Divination die tiefste Verbindung mit der Erde, mit Mysterientraditionen und altem Wissen herstellt, damit sie die Fähigkeit besitzt, dem Menschen wieder ein Gefühl für Geschichte und Zielbestimmung zu geben. Wenn ein solches Gefühl für unsere Herkunft, unsere persönliche Vergangenheit und unsere Stellung in der Gesellschaft nicht vorhanden ist, dann ist es sehr schwierig, Entscheidungen in Ausrichtung auf die Zukunft zu treffen. Die Divination ermöglicht es, die uns umgebenden Energiemuster im Licht der Selbsterkenntnis und inneren Bewußtheit zu deuten, und dies gibt wiederum einen Rahmen für die Deutung der Geheimnisse des Orakels ab.

In primitiven Gesellschaftsformen wurde die soziale Dynamik von hochentwickelten Verhaltensmustern und Erwartungen gelenkt, die auf dem Individuum und seinem besonderen Platz in der Gesellschaft beruhten. Geistige und emotionale Störungen wurden dem Bereich des Schamanen oder Priesters zugerechnet, der den Willen der Götter deutete oder intuitiv voraussah und dafür Lose – Steine, Knochen oder andere Hilfsmittel – als Konzentrationspunkt für seine Fragen gebrauchte. Diese Mystiker führten auf rituelle Art und Weise ein Element des Zufalls in die Divination ein, indem sie Knochen gegeneinander schlugen und auf die Erde warfen oder den Fragesteller dazu aufforderten, aus vielen Gegenständen einige auszuwählen. Die vorsätzliche Anordnung dieser Gegenstände oder ihr Wurf zu einem vom Zufall bestimmten Muster lieferte die Basis für die Auslegung. Nach sorgfältiger Vorbereitung betrachtete der Orakeldeuter zuerst das Energiemuster und suchte dann in seinen einzelnen Elementen nach der Information, deren Deutung sie enthalten konnten. Aus der Anordnung der Gegenstände, der Beziehung zwischen ihnen und der gesamten Lebensstruktur des Fragestellers wurde dann eine Geschichte erschaffen, und diese setzte die Information in einen bedeutungsvollen Zusammenhang.

Aus diesen Elementen der überlieferten Divination habe ich geschöpft, um mit den TraumSteinen eine Methode des Steinwurfs zu erschaffen, die es dir ermöglicht, die Energiemuster in deinem eigenen Leben und im Leben anderer Menschen auf intuitive, aber gleichzeitig sehr praktische Art und Weise zu deuten. Bei der Arbeit mit den TraumSteinen beginnen wir mit denjenigen Bereichen, die für die Menschheit immer zu den tiefsten und persönlichsten Interessen gehörten – Erde (Körper, Nahrung und Wohnung), Wasser (Flüssigkeiten, Gefühle, Beziehung), Feuer (Wärme, Energie, Sexualität) und Luft (Atem, Geist und Kommunikation). Von dort aus bewegen wir uns zur Erforschung der planetarischen Energien und anderer metaphysischer Einflüsse, die alle verschiedenen Steinen zugeschrieben werden. Die Schlüssel für diese Bereiche werden für jeden unter Berücksichtigung der Plazierung der Steine, ihrer Beziehung untereinander und des jeweiligen Zusammenhangs gedeutet. Die »Magie der lebendigen Erde« ist die Macht der Steine, dich mit Erdenergien und der eigenen Kraft zu Transformation zu verbinden, die aus deiner intuitiven oder psychischen Fähigkeit und Selbsterkenntnis hervorgeht.

Wer beschäftigt sich mit Divination?

Fast jeder Mensch sucht für sich selbst zu erraten oder vorauszuahnen, was als nächstes geschehen *wird*, und ebenso sucht er einen Sinn in dem zu erkennen, was geschehen *ist* und was gerade in der Welt um ihn herum geschieht. Divination, oder die Faszination davon, gehört zu den wesentlichen Elementen der menschlichen Psyche.

Einige Menschen möchten diese Fähigkeit vertiefen und in sich ausbilden; wie ein talentierter Musiker, Künstler oder Dichter haben sie vielleicht eine echte Begabung dafür. Andere werden sich mit Divination beschäftigen, um die Energiemuster in ihrem eigenen Leben sachkundig deuten zu können, doch es vorziehen, dies nicht für andere zu tun.

Kapitel 2

Wie dieses Buch zu gebrauchen ist

Das Buch ist in einzelne Kapitel mit Zwischentiteln einge-
teilt. In der folgenden Übersicht wird der Arbeitsprozeß in
fünf Stufen gegliedert: Novize, Lehrling, Reisender, Magister und Lehrer. Diese Stufen stellen eine symbolische Reise
durch die Elemente dar, die fast unvermeidlich dazu führen
wird, daß du Veränderungen an diesem System vornehmen
wirst, wenn du es dir einmal zu eigen gemacht hast.

Novize

Diese Stufe wird von der Erde beherrscht, da sie die Grundlage und Geschichte des Systems darstellt.

1. Lies die einführenden Kapitel bis zum Ende des Abschnitts über »Träume und Omen« (Kap. 4, S. 37). Beginne
mit einem Traumtagebuch zu arbeiten, damit du mit der
Deutung der Botschaften des Orakels vertraut wirst, die
durch dein Traum-Ich zu dir gelangen.

2. Arbeite mit dem Material in *Träume und Steine* weiter,
das die Beziehung zwischen Traumdeutung und den Mitteln
der Divination erforscht. Eine Seite für die Aufzeichnung
und Untersuchung deiner Träume ist als Beispiel im Anhang abgedruckt.

3. Kapitel 5, *Die ersten Anfänge der Divination*, konzentriert sich auf eine der ältesten und einfachsten Methoden
der Lithomantie und ihre Eigenschaft, grundlegende Informationen zu liefern – die Steine in Verbindung mit einer
Ja/Nein-Frage. Beginne mit dieser Methode zu arbeiten und
schreibe deine Ergebnisse auf.

Lehrling

Diese Stufe wird vom Wasser beherrscht. Sie steht in Verbin-

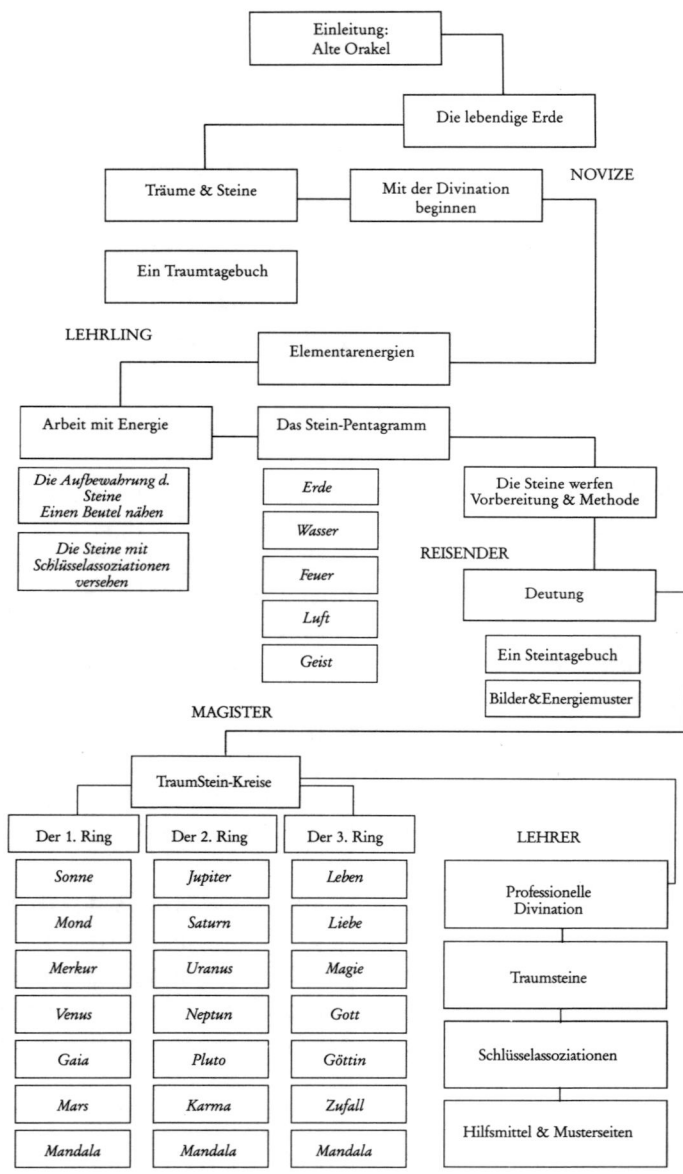

| Einleitung: Alte Orakel |
| Die lebendige Erde |

NOVIZE

| Träume & Steine | Mit der Divination beginnen |

| Ein Traumtagebuch |

LEHRLING

| Elementarenergien |

| Arbeit mit Energie | Das Stein-Pentagramm |

| *Die Aufbewahrung d. Steine* / *Einen Beutel nähen* | *Erde* | Die Steine werfen / Vorbereitung & Methode |
| *Die Steine mit Schlüsselassoziationen versehen* | *Wasser* | |

REISENDER

Feuer	Deutung
Luft	
Geist	Ein Steintagebuch
	Bilder&Energiemuster

MAGISTER

| TraumStein-Kreise |

Der 1. Ring	Der 2. Ring	Der 3. Ring	**LEHRER**
Sonne	*Jupiter*	*Leben*	Professionelle Divination
Mond	*Saturn*	*Liebe*	
Merkur	*Uranus*	*Magie*	Traumsteine
Venus	*Neptun*	*Gott*	
Gaia	*Pluto*	*Göttin*	Schlüsselassoziationen
Mars	*Karma*	*Zufall*	
Mandala	*Mandala*	*Mandala*	Hilfsmittel & Musterseiten

DIE FÜNF STUFEN DER ARBEIT MIT DEN STEINEN

dung mit dem Vertrauen zu deinen Gefühlen und der Macht deiner Träume. Du hast damit begonnen, die Steine zu werfen und damit die ersten Schritte im divinatorischen Entwicklungsprozeß getan.

1. Lies Kapitel 6, *Elementarenergien*, das sich auch auf die Lernstufen der TraumSteine bezieht.

2. Kapitel 7, *Arbeit mit Energie*, beschäftigt sich mit der Aufbewahrung, dem Schutz und der energetischen Aufladung deiner Steine. Dies alles ist Teil der andauernden Sorgfalt, die wir auf jedes magische Werkzeug im Austausch für die Gaben verwenden, die es uns schenkt.

3. Beginne am Anfang von Kapitel 8, *Das Stein-Pentagramm*, und arbeite jeden Abschnitt der Reihe nach durch. *Führe die Übungen aus.* Wenn du bei den Übungen nachlässig arbeitest, willst du vermutlich der Notwendigkeit ausweichen, tief in dich selbst zu blicken, bevor du versuchen wirst, Energien oder Geschehnisse in deinem Leben oder dem Leben anderer Menschen zu deuten. Selbsterkenntnis ist wichtig für einen Orakeldeuter; sie hat auch mit einer Verantwortung zu tun, die du den Menschen schuldest, die deinen Rat suchen. Man muß erwarten können, daß du die Arbeit mit deiner Kunst und die Deutung von Energiemustern im Leben eines anderen Menschen auf eine harmonische und ausgewogene Art und Weise ausführst – und diese Harmonie beruht auf Selbsterkenntnis.

4. Kapitel 9, *Der Steinwurf*, handelt davon, sich vor dem Steinwurf persönlich darauf vorzubereiten und die eigene Mitte zu finden. Außerdem werden Hinweise auf Methoden gegeben, ein Interpretationsmuster für die Deutung zu schaffen.

Reisender

Diese Stufe wird vom Feuer beherrscht und mit Begeisterung für Abenteuer und die Energie assoziiert, neue Möglichkeiten zu ergründen. Der Reisende hat Steine ausgewählt, mit den Persönlichkeitsaspekten gearbeitet, die diesen Steinen entsprechen, und sie für die Divination energetisch aufgeladen.

1. *Die Deutung des Orakels* wird, gemeinsam mit entstehenden Energiemustern, Steingruppen und Symbolbildern, in Kapitel 10 behandelt. Wenn du mit diesen Strukturen vertraut geworden bist, wirst du vielleicht den Wunsch verspüren, die Steine für eine andere Person zu werfen. Dafür werden Methoden untersucht und Möglichkeiten vorgeschlagen, auf welche Weise die Steinwürfe aufgezeichnet werden können. Auf dieser Stufe werden auch zwei Interpretationsbeispiele für den Pentagramm-Steinwurf betrachtet.

2. Nun solltest du dich darauf konzentrieren, die Steine regelmäßig für dich selbst zu werfen und die so erhaltenen Informationen in dein Steintagebuch zu schreiben. Achte auf besondere Botschaften, die sowohl in deinen Träumen als auch bei der Divination hervorgehoben werden. Beginne mit der Praxis des Steinwurfs für Freunde.

Magister

Die nächste Stufe wird von der Luft beherrscht. Hier sind weitere Entscheidungen über andere Steine zu treffen, und das Erlernen des Systems erfordert Konzentration. Für den täglichen Steinwurf und einfache Deutungsmöglichkeiten kannst du das Stein-Pentagramm oder die Steine nach der Methode der Ja/Nein-Frage werfen. Für weitere Informationen und ein tieferes Verständnis der Situation oder des psychischen Aspekts sind jedoch die *Drei Ringe* von unschätzbarem Wert.

1. Lies das Material über *TraumStein-Kreise* (Kapitel 11) und überfliege die Seiten, die sich mit den *Drei Ringen* beschäftigen. Kehre an den Anfang des Ersten Ringes zurück und arbeite der Reihe nach mit jedem Stein; lies dazu den

Kommentar und stütze dich auf deine eigenen Träume und dein persönliches Wissen, was die Steine für dich bedeuten. Am Ende des Ersten Ringes wird ein Ritual beschrieben, das diese Steine mit denen des *Stein-Pentagramms* verbindet. Du wirst dann die Feinheiten bei der Divination auf eine umfassendere Art und Weise ausdeuten können.

2. Arbeite dich ebenso durch den Zweiten und den Dritten Ring, und mache am Ende eines jeden Ringes eine Pause, um die jeweiligen Steine in die vorangegangenen Wurfmuster zu integrieren.

3. Arbeite mit dem vollständigen Satz der TraumSteine, bis du dir Geschick für ihre Deutung erworben hast.

Lehrer

Diese letzte Stufe korrespondiert mit »Geist« *(spirit)*, hier sind die vier Elemente in ein Ganzes integriert worden. Deine eigene Auslegung und die divinatorische Praxis werden vermutlich dazu führen, daß du Veränderungen an dem System vornimmst, zum Beispiel einen Stein hinzufügen oder einen anderen ersetzen. Jeder, der damit umgegangen ist, hat einige Veränderungen vorgenommen, um die Veränderungen in seiner eigenen Persönlichkeit im Laufe der Zeit wiederzugeben oder um einen Aspekt seines Charakters zu erforschen, der seinen eigenen Stein zu benötigen scheint. Deine Variationen wirst du auch an andere weitergeben – denn diese Variationen sind ebenfalls TraumSteine: Steine deines eigenen Träumens, in denen die Magie der lebendigen Erde enthalten ist.

1. In Kapitel 12, *Professionelle Divination*, geht es um den Schritt (solltest du dich zu ihm entschließen), ein professioneller Orakeldeuter zu werden. Es werden auch die verschiedenen Menschentypen vorgestellt, die sich wegen einer Orakeldeutung an dich wenden. Außerdem enthält dieses Kapitel Richtlinien und Empfehlungen für die Beratung.

2. Kapitel 13, *TraumSteine*, beschäftigt sich mit Variationsformen dieses Systems und bringt Beispiele für zusätzliche Steine und Veränderungen, die von verschiedenen Leuten vorgenommen wurden.

3. *Schlüsselassoziationen* ist ein Abschnitt, der sich der Magie von Ähnlichkeiten widmet. Für eine rasche Befragung sind die Farben, Pflanzen und einige esoterische Entsprechungen zu jedem TraumStein übersichtlich zusammengestellt.

4. Die drei Teile des *Anhangs* bringen zusätzlich Informationen zu den TraumSteinen, darunter ein anderes verwandtes System des Steinwurfs sowie ein Nachwort der Autorin über ihren Weg zu Steinwurf und Divination.

5. Zum Abschluß werden Musterseiten für das Anlegen eines Traumtagebuchs und eines Steintagebuchs sowie eine Bibliographie mit weiterführenden Literaturhinweisen gegeben.

Kapitel 3

DIE LEBENDIGE ERDE

Schüttle die Würfel und wirf die Lose der Zeit,
lausche dem Fall der Steine, dessen Echo an einem
ruhigen Ort widerhallt, von den Schicksalsgöttinnen
gewoben.

Rhea Loader (1988)

Die Vorstellung der Erde als eines lebendigen Organismus ist nicht auf die spirituelle Wahrnehmung begrenzt; es ist vielmehr eine Idee, die eine wachsende Anzahl von etablierten Wissenschaftlern zu erforschen beginnt. In den späten sechziger und frühen siebziger Jahren tauchten überall in der Welt im Fernsehen, in Zeitschriften und auf Plakaten Fotos auf, die das Bild der Erde vom Weltraum aus zeigten – ein Anblick, der uns allen heute vertraut ist. Es ist wahrscheinlich nicht überraschend, daß dies zu einer neuen Wahrnehmung der Erde als Ganzes geführt und eine Überprüfung von Glaubensstrukturen und kulturellen Voraussetzungen ausgelöst hat.

Eine Reihe von Personen hat, unabhängig voneinander, eine Vorstellung formuliert, die gewöhnlich James Lovelock, einem bekannten englischen Ökologen, zugeschrieben wird. Diese Vorstellung, eine ökologische Evolutionstheorie, erhielt die Bezeichnung *Gaia-Hypothese* und ist nach der alten griechischen Erdgöttin Gaia benannt. Eine ihrer Thesen ist die untrennbare Verbindung zwischen dem Ökosystem und der Biosphäre.

Es ist nicht mehr möglich, unser individuelles Leben von den Bedürfnissen der natürlichen Umwelt loszulösen. Viele Menschen treten heute wieder in Verbindung mit natürlichen Zyklen, und dies führt häufig zu einer erneuten Beschäftigung mit vergangenen Kulturen, in denen die Notwendigkeit dieser Verbindung betont wurde. Eine davon ist die Kultur des alten Griechenlands, dessen Grundlage die klassische Mythologie ist.

In Griechenland vor Homers Zeit wird die Erde als Gaia bezeichnet – eine Göttin, die keine menschliche Gestalt hat. Später werden Aspekte der Erdgöttin verehrt: Demeter, die Schutzgottheit des Ackerbaus; Persephone, die Tochter der Demeter und Herrscherin der Unterwelt, Mutter des Dionysos; und Pandora, die erste Menschen-Frau. Doch Inspiration schenkt uns die Göttin in ihrer ursprünglichen Form der Erde selbst.

Diese Vorstellung der Erde als eines lebendigen Wesens steht im Mittelpunkt der Arbeit mit den TraumSteinen. Gaia ist deshalb von wesentlicher Bedeutung, da Delphi, ein berühmter Ort für die heilige Verbindung mit der Erde und dem Orakel, durch ihre Schlange die Kraft der Divination erhielt. Später bezwang Apoll die Macht dieser Schlange, und das Orakel wurde von seinen Priesterinnen gedeutet. Es änderten sich jedoch nur die äußeren Formen der Weissagung: Das Orakel selbst, das auf vorgeschichtliche Zeit zurückgeht, blieb davon unberührt.

Steine – die Knochen der Erde

Eine der ältesten und wertvollsten Gaben der Erde kommt aus dem Innern ihres Körpers und ist Teil ihrer Gestalt und Struktur – Steine zum Bauen, für Werkzeug, um Feuer zu machen, für die Kunst, als Schmuck, Ocker zum Färben, um Gedanken und Eindrücke aufzuzeichnen.

Die Praxis der Schaffung und Deutung von Steinmustern geht auf das Neolithikum (die Jungsteinzeit) zurück. Quer durch das europäische Festland, in Großbritannien und Irland gibt es Kreise, Spiralen und Grabhügel aus Stein. Die Steine wurden nach der Bewegung der Gestirne ausgerichtet, wobei genaue Messungen den Verlauf der Tage und Jahreszeiten, die Sonnwenden, Tagundnachtgleichen und die Mondzyklen markierten. Diese Verwendung des Steins ist ein Beispiel dafür, wie der Mensch Energiemuster in der Natur erkennt und ein symbolisches System erschafft, um seine Beobachtungen aufzuzeichnen.

Die Steine erhielten jedoch nicht einfach nur durch ihre Plazierung Bedeutung. Die Energie, die durch das bewußte Sammeln der richtigen Steine entstand, und ihre Anordnung auf eine bestimmte Art und Weise war ebenfalls wichtig. Unsere Ahnen stellten eine individuelle Beziehung zu Orten her und erkannten, daß jeder Baum und Fels, jeder Fluß und jede Pflanze einen eigenen Geist hatte. Als sich dieses geistige Prinzip in der Natur verlor, hielten Abstraktionen ihren Einzug, und das Bewußtsein einer Macht an bestimmten Orten verschwand allmählich. In *Die Hochzeit von Himmel und Hölle* hat William Blake dieses Phänomen beschrieben:

Die alten Dichter belebten alle Sinnesobjekte mit Göttern oder Genien, benannten sie mit den Namen und schmückten sie mit den Eigenschaften von Wäldern, Flüssen, Bergen, Seen, Städten, Völkern und was immer ihre erweiterten und vielfältigen Sinne wahrnehmen konnten . . .

Durch das Mittel des Steinwurfs können wir uns aussöhnen mit unserer Entfremdung von der Erde und unsere Sinne erweitern, um mehr von ihrer lebendigen Qualität wahrzunehmen. Dies geschieht durch die Arbeit mit den Steinen, den Knochen der Erde, und der Verbindung unserer Psyche mit ihren Energien. Die Steine haben eine persönliche Identität und ein eigenes Gefühl. Durch die Erforschung von natürlichen Rhythmen, Orten und Zyklen und der Eigenschaften von Steinen können wir diese Energien in unser Leben hineinträumen.

Eine Verbindung zu Steinen herstellen

Hast du jemals einen runden Kieselstein in der Tasche bei dir getragen als »Kummerstein« – ein Stein, der dir das Gefühl von Ausgewogenheit, Sicherheit und Trost gab? Dann hast du bereits eine Verbindung zum Stein als Energieleiter und symbolischer Ideenträger. Der Kummerstein ist glatt und regelmäßig geformt. Zuerst fühlt er sich kühl an, wird jedoch durch die Berührung von deiner Hand rasch erwärmt. Der vertraute Umgang mit ihm ist beruhigend und tröstend, da er im Verlaufe einer gewissen Zeit geistige Assoziationen aufbaut. Manchmal kann sich die angenehme Gewohnheit entwickeln, ihn in Phasen von Streß, Kummer oder Spannung fest in der Hand zu halten.

Hast du jemals bunte Kiesel am Strand gesammelt oder Steine mit interessanten Strukturen? Oder im Urlaub nach Halbedelsteinen oder Kristallen gesucht? Dann wirst du bereits von Steinen angezogen und schätzt sie als eine künstlerische und ästhetische Darstellung der Erde. Die farbigen Kiesel können in Steine aussortiert werden, die unterschiedliche Schwingungen oder Gefühle zu besitzen scheinen. Das Spektrum reicht von Steinen, die sich ruhig und entspannend anfühlen, bis zu solchen, die energetisch aufgeladen und vibrierend wirken.

Ruhige Steine

Es ist gut, stille, ruhige Steine bei sich zu tragen, wenn du dich angespannt oder besorgt fühlst: Sie können in Schalen überall im Haus aufgestellt werden und sorgen damit für ein ruhiges Umfeld. Entspannende Steine sind sehr gut als Kummersteine geeignet. Im allgemeinen sind sie glatt und abgerundet; ihre Geschmeidigkeit steht symbolisch für Stille und Harmonie.

Energetische Steine

Diese Steine kannst du bei dir tragen, wenn du zusätzliche Energie brauchst, besonders dann, wenn du dich müde und erschöpft fühlst oder wenn von dir verlangt wird, daß du eine große Menge Energie aufbringst. Sie können in einer Schale in einen Arbeitsraum oder an einen Übungsort gestellt werden, um dafür zu sorgen, daß der Enthusiasmus nicht nachläßt.

Heilsteine

Dabei handelt es sich traditionell um solche Steine wie Amethyst, der alles reinigt, was mit ihm in Berührung kommt und daher als Giftheilmittel galt; Jade, der mit der Auflösung von Spannung oder der Heilung von Fieber assoziiert wird; Karneol oder Blutstein, der mit der Heilung von Störungen im Blut, übermäßigen Blutungen und Viruskrankheiten in Verbindung gebracht wird. Weitere Heilsteine sind der Bergkristall (für Gedankenklarheit), Lapislazuli (Freiheit von Besitz, Schutz vor Krankheit) und Rubin (allgemein für gute Gesundheit und Vitalität). Der nützlichste Stein, den ich für allgemeine Heilzwecke herausgefunden habe, ist der Amethyst. Er löst Blockierungen in deiner Aura auf, fördert sowohl Klarheit im Denken als auch spirituelle Offenheit und verhindert Fanatismus oder Engstirnigkeit. Es ist nützlich, einen Heilstein in der Tasche bei sich oder als Anhänger um den Hals zu tragen, da dies verhindert, daß du negative Einflüsse aus deiner Umgebung aufnimmst.

Zornessteine

Steine, welche die Kraft des Zorns freisetzen, sind traditionell von dunkler Farbe, wie beispielsweise Obsidian, Granit, Jett und schwarze Flußsteine. Weil das Schwarze alles

Licht absorbiert, wird angenommen, daß es auch alle negativen Emotionen absorbiert. Eine Vorgehensweise, Zorn freizusetzen, besteht darin, ihn über einen bestimmten Zeitraum – beispielsweise zwei Wochen zwischen Vollmond und Neumond – in einen schwarzen Stein zu konzentrieren und diesen Stein dann ins Meer zu werfen, damit er gereinigt wird. Als Alternative dazu kannst du auch täglich mit Gefühlen von Zorn oder Ärger arbeiten und den Stein mit Salz umgeben, damit er die Negativität von dir abwehrt. Lege am Ende jeder Übung den Stein in eine Tasse mit stark salzhaltigem Wasser. Nach einem bestimmten Zeitraum, sagen wir wieder zwei Wochen, schüttest du das Salzwasser in den Ausguß, wo es seinen eigenen Weg zum Meer nehmen wird.

Nachdem der Stein einmal mit Salzwasser und dann mit klarem Wasser abgespült worden ist, kann er wieder verwendet werden. Diese Technik hat jedoch nur eine Wirkung auf Zorn oder Ärger, der von vergangenen Geschehnissen übriggeblieben ist. Die beste Methode, mit Zorn im gegenwärtigen Moment umzugehen, besteht darin, sich positiv zu verhalten und mit der Situation auf direkte Art und Weise umzugehen. Schöpfe zuerst die alternativen Möglichkeiten aus, und wenn du dann mit einer Situation konfrontiert wirst, an der du nichts ändern kannst, dann kannst du zumindest mit deinem eigenen Zorn darüber auf eine positive Art und Weise umgehen.

Die Größe der Steine

Wenn du einen Stein für einen bestimmten Zweck auswählst, dann achte dabei auf die Farbe, die du mit jenem Zweck verbindest, und auch darauf, in welcher Form und Größe du diesen Stein haben möchtest.

TraumSteine sollten so groß wie dein Daumennagel und rund sein, damit sie sich gut verteilen. Am besten sind ge-

schliffene Steinstücke, die in den meisten Mineralienhandlungen in großer Auswahl und zu günstigem Preis erhältlich
sind. Zu dem vollständigen Satz von TraumSteinen gehören
mehr als zwanzig, die, wenn sie groß sind, nicht alle in eine
Hand passen werden. Von der Anzahl der Steine, die du bei
deinem Wurf benutzen möchtest, wird die von dir benötigte
Größe abhängen.

Die persönliche Auswahl

Die Steine, die ich in diesem Buch für die Elemente, Planeten
und jeweiligen Lebensaspekte empfehle, entsprechen meinen persönlichen Vorlieben. Du wirst mit Sicherheit anders
als ich sein, wähle daher die Steine aus, die zu dir passen. Ein
Beispiel für diesen individuell geprägten Vorgang ist meine
Wahl des Steins, der dem Planeten Venus zugeschrieben
wird. Die Assoziationen, die in traditionellen Büchern über
Entsprechungen zu finden sind, teilen mir mit, daß dieser
Stein grün sein sollte. Ich sehe die Venus jedoch als einen
Stein von tiefem Karmesinrot mit gleichmäßiger Struktur
(mein eigener Stein ist ein rotes Tigerauge), der die Harmonie und Sinnlichkeit dieser Planetensphäre symbolisch darstellt. Du mußt dich stets von deiner eigenen inneren Emp-
findung leiten lassen, welcher Stein der richtige für dich sein
wird.

Bei der Divination gibt es niemals absolute Werte, nur
Deutungsmöglichkeiten. Dies trifft ebenso auf die Werk-
zeuge zu, die du für deine Arbeit wählst (in diesem Fall also
Steine), wie auf dein eigenes Leben und deine persönlichen
Gefühle.

Steine als Geschenke

In alter Zeit schenkten sich die Perser und Griechen gegenseitig eiförmige Steine, die den Beginn des Frühlings anzeig-
ten. Diese Halbedelsteine stellten den Zyklus der Erneue-

rung und eines neuen Anfangs dar. Sie überreichten einen solchen Stein mit den folgenden Worten: »Ich mache dir dieses Geschenk, um unsere Freundschaft zu erneuern und anzukündigen, daß sie so stark wie dieser Stein sein wird, und so wunderbar.«

Ich hoffe, daß deine Erfahrung mit den TraumSteinen der Anfang einer Reise zu Stärke, Schönheit und der Verbindung mit der Erde sein wird.

Kapitel 4

TRÄUME UND STEINE

Warum sind Träume wichtig? Historisch gesehen, haben sich Prophezeiung und Divination auf Träume berufen, da sie für Botschaften der Götter gehalten wurden. In heutiger Zeit betreiben Psychologen, sowohl der Freudschen als auch der Jungschen Richtung, ihre eigenen Studien über die Bedeutung von Träumen und sehen sie häufig als einen Ausleseprozeß an, um dem Tagesgeschehen einen Sinn zu geben oder um eine Kommunikation zwischen verschiedenen Teilen der Psyche herzustellen. Bei der Jungschen Analyse werden Traumsymbole mit archetypischen Urbildern assoziiert, in ihre einzelnen Bestandteile zerlegt und unter dem Gesichtspunkt erforscht, welche Bedeutung sie haben und was sie über unsere Denkprozesse aussagen. In meiner eigenen Anschauung verbinden sich Aspekte der alten Verstehensweise mit solchen der modernen Praxis: daß Träume die Stimme des Göttlichen sind, die durch das Orakel zu unserem schlafenden Selbst spricht; daß sie einen Ausleseprozeß darstellen, der Ordnungssysteme und Energiemuster erschafft; daß ihre Bilder und Symbole sowohl Informationen für die Divination als auch einen Schlüssel zur Selbsterkenntnis liefern.

Jeder Mensch ist dazu in der Lage, eine Verbindung zu dem Orakel und zu den persönlichen Antworten herzustellen, die wir in den Tiefen unseres Wesens finden können. Viele haben sich durch Unwissenheit, vorsätzliche Ablehnung und soziale Gewohnheit selbst von diesem Wissen abgeschnitten. Bei der Analyse wird jedoch deutlich, daß selbst Menschen, die sich seit Jahren nicht mehr an ihre Träume erinnert haben, wieder damit anfangen, sobald sie einmal die Erlaubnis dazu von einem »Experten« bekommen. In der Welt des inneren Raums ist jeder Mensch sein eigener Herr, und daher muß die Erlaubnis, auf die Stimme des inneren Wissens zu hören, auch von innen kommen.

Träumen ist einer der Wege, in einen Dialog mit deinem inneren Selbst einzutreten, mit jenem Teil deines Wesens also, das die Botschaften und die mythische Realität des Orakels begreift. Wenn wir uns das Orakel als ein tiefes, in sich ruhendes Gewässer vorstellen oder als ein Urmeer des Bewußtseins von kollektiven Gedanken, Gefühlen und Erkenntnissen, dann können unsere Träume als Lichtschimmer angesehen werden, die sich auf seiner Oberfläche widerspiegeln. Die Bilder, die wir aus Träumen mit uns zurückbringen, erweitern unsere Wahrnehmung und lassen uns einen Sinn in unserer Verbindung mit dem Orakel finden. Umgekehrt machen uns diese Bilder für die Bilder und Energiemuster in der Natur empfänglich. Dadurch wird es uns möglich, Omen und Vorzeichen in der Welt des Alltags zu deuten, wenn wir die Erfahrungen aus der Traumdeutung auf sie anwenden.

Vorzeichen

Vorzeichen treten spontan in Erscheinung, ohne daß wir nach ihnen Ausschau halten, während es im divinatorischen System und beim Steinwurf einen Übungsprozeß gibt, der unsere seelische Vision auslöst. Omen tauchen in Träumen auf und geben uns, häufig in eine Metapher eingekleidet, Informationen über Ereignisse, die wahrscheinlich in der äußeren Welt geschehen werden. Vorahnungen von Gefahr, Erfolg, Geburt und Tod sind am weitesten verbreitet, vermutlich deshalb, weil es sich dabei um Dinge handelt, die eine tiefgehende emotionale Wirkung auf uns haben. Ein solches Omen ist uns aus einer Fassung der Artus-Sage vertraut: ein Traum, daß ein Drache am Himmel erscheine und dies ein Zeichen sei, daß ein König über ganz Albion kommen würde, um die Völker zu vereinen. Dies bezog sich auf einen Komet, der zu einem wichtigen historischen Zeitpunkt auftauchte – ein Bild, das für das geistige Auge mit einem feurigen Drachen assoziiert werden könnte. Die Deutung war eine symbolische, obwohl sich das Ereignis auf etwas Konkretes bezog und offensichtlich in dieser Zeit auftrat. Im Falle von Omen wird das betreffende Ereignis häufig erst dann klar, wenn es eintritt, und dadurch wird ihre Deutung zu einer besonders unsicheren Methode der Zukunftsvoraussage.

In unseren eigenen Träumen kann sich eine Todesvision auf den physischen Tod beziehen, doch häufiger wird es sich dabei um eine symbolische Vision handeln, die ein schmerzliches Ende voraussagt – das Ende einer Beziehung, eines Glaubenssystems oder einer Lebensweise. Vorahnungen von Gefahr können uns dazu veranlassen, vorsichtig zu sein und sorgfältig auf unser Handeln zu achten, um dadurch die Bedrohung auszuschalten oder zu verringern. Würden manche dieser nachdrücklichen Warnungen eingestanden, würden die betreffenden Ereignisse vielleicht nicht eintreten. Diese Fähigkeit ist besonders nützlich, wenn du eine weite Reise planst und deine Sicherheit von der Konzentration eines anderen Menshcen abhängt, wie beispielsweise einem Busfahrer oder Pilot. Es kommt nicht selten vor, nach einem größeren Unglück – wie einem Flugzeugabsturz oder dem Untergang eines Schiffes (wie der *Titanic*) – Berichte über Menschen zu hören, die von ihrer Reise zurücktraten, weil sie die Vorahnung von einer Gefahr hatten. Du wirst klarer einschätzen lernen, welche Visionen sich auf konkrete Ereignisse beziehen, und diejenigen, die mehr symbolisch sind, wirst du auf eine angemessene Weise zu deuten wissen. In vielen Fällen kann man sich durch die Vorwarnung jedoch wappnen, und das Wissen um ein Ereignis kann manchmal verhindern, daß die schlimmsten Aspekte konkrete Form annehmen.

Ein Beispiel dafür, das ich selbst erlebt habe, war ein

Traum über einen Raubüberfall, dem das reale Gefühl einer Vorahnung folgte, als ich am nächsten Tag nach Hause zurückkehrte. Alles war an seinem Platz, doch am nächsten Morgen erwachte ich mit einem noch stärkeren Gefühl von einer unmittelbar bevorstehenden Gefahr. Ich fühlte mich so unbehaglich, ja fast krank, daß ich an diesem Tag nicht zur Arbeit ging, sondern zu Hause blieb. Irgendwann im Laufe des Tages hörte ich ein Klopfen an der Tür, das ich zuerst nicht beachtete. Als ich zur Tür ging, stand dort ein Mann, der sehr überrascht schien, daß jemand zu Hause war. Er wollte mir erzählen, daß er jemanden suche, dem er ein Auto verkauft und der ihm diese Adresse gegeben habe – doch mein Traum hatte mich vorgewarnt. Als ich ihm nach draußen bis zum Tor folgte, um mich zu vergewissern, daß er das Grundstück auch wirklich verließ, schrieb ich mir seine Autonummer auf. Er rannte zum Wagen und fuhr hastig davon, was meinen Verdacht weiter bestärkte. Ich rief die Polizei an und meldete den Vorfall als einen Einbruchsversuch. Ich erhielt die Auskunft, das Auto sei gestohlen, und ihrer Ansicht nach sei meine Erklärung der Situation richtig.

Leider sind Vorzeichen und Vorahnungen jedoch nicht immer so deutlich. Bei einem anderen Vorfall, der wiederum mit Diebstahl von persönlichem Eigentum in Verbindung stand, hatte ein enger Freund, mit dem ich mich an einem bestimmten Tag treffen wollte, einen prophetischen Traum. Er träumte von dem Diebstahl seiner Brieftasche; daher ergriff er Vorsichtsmaßnahmen und nahm das Geld für seine Miete aus der Brieftasche, bevor er aus dem Haus ging. Ich kam zu der Verabredung mit ihm zu spät, da mir unterwegs meine Geldbörse gestohlen worden war. Die Bildersprache des Traums war richtig, doch die Deutung hatte es auf die falsche Person bezogen.

Im großen und ganzen sind Omen und Vorzeichen in Träumen eher allegorisch als wirklich real zu sehen. Es erscheint klug, diese starken Gefühle behutsam und mit Respekt zu behandeln, wenn du nicht völlig sicher bist, daß sie sich auf eine bestimmte Person oder Situation beziehen. Diese Bilder dienen der äußerst wichtigen Funktion, dich sorgfältiger auf deine Umgebung achten zu lassen. Durch einen erhöhten Adrenalinspiegel und ein leichtes Gefühl des Unbehagens kannst du gefährliche Situationen vermeiden oder rascher als üblich darauf reagieren.

Ein Traumtagebuch anlegen

Ein Traumtagebuch ist ein wertvolles Hilfsmittel für die Erforschung deiner eigenen inneren Landschaft. Es wird dir einen fortlaufenden emotionalen »Wetterbericht« liefern, dich davon unterrichten, wie sich deine Gefühle von Tag zu Tag verändern, und es dir ermöglichen, mehr Informationen aus Träumen deinem Bewußtsein zugänglich zu machen. Da wir in einer technologisch ausgerichteten Kultur leben, wird im Alltag oder auf einer praktischen Ebene der Kraft, die in Träumen und divinatorischen Methoden enthalten ist, kein allzu großer Wert beigemessen. Wir haben gegenüber diesem Bereich unseres Lebens eine selektive Unachtsamkeit entwickelt und uns von einem Gefühl der Verbundenheit und inneren Sinngebung selbst isoliert.

Wenn wir ein Tagebuch führen, werden diese Begrenzungen nach und nach aufbrechen, wodurch tiefere Einsicht möglich wird. Der Vorgang, täglich einen, wenn auch nur kurzen, Kommentar aufzuschreiben, öffnet Kommunikationskanäle zum Traum-Selbst und damit auch zum Orakel. Deine »erweiterten und zahlreichen Sinne« (wie Blake es formulierte) werden deine Aufmerksamkeit in gleichem Maße auf innere und äußere Landschaften, auf Traum- und Wachwelten lenken. Wenn du einmal damit begonnen hast, auf deine Träume zu achten, wird dir eine genauere divinatorische Deutung möglich sein. Die Fähigkeit, ein Bild oder

Energiemuster in der Divination in eine bedeutungsvolle Geschichte zu übertragen, wird durch die praktische Beschäftigung mit der Deutung von Traumszenen und -symbolen verstärkt.

Zur Vorbereitung

Kaufe dir ein liniertes oder unliniertes Notizbuch oder fotokopiere die Musterseite »Traumtagebuch« im Anhang dieses Buches *(Seite 214)*. Lege dieses Tagebuch und einen Bleistift o. ä. neben dein Bett. Achte darauf, daß du damit in liegender oder zurückgelehnter Haltung schreiben kannst.

Eine der größten Schwierigkeiten, in ein Tagebuch zu schreiben, ist das Gefühl von Einschüchterung vor einer völlig leeren Seite. Jeder träumt, und die willkürliche Vorstellung, daß du als allererste Tat am Morgen erstklassige Prosa verfassen sollst, ist leicht zu überwinden. Der Morgen ist auch für mich nicht die beste Tageszeit. Daher muß es mir leicht fallen, in ein Tagebuch zu schreiben, bevor ich zu dieser Anstrengung bereit bin. Die folgende Methode konnte ich selbst an meinen schlimmsten schlaftrunkenen Tagen relativ mühelos anwenden.

Damit du dich daran erinnerst, was du geträumt hast, mußt du dir selbst sagen, daß du dich daran erinnern *willst*. Der zweite Schritt bei der Traumerinnerung besteht darin, beim Erwachen einige Augenblicke ganz ruhig zu bleiben. Unterbrich das Ende deines Träumens nicht durch Bewegung, nicht einmal durch Veränderung deiner Position. Rufe dir den Traum ins Gedächtnis, den du gerade gehabt hast; wenn du dich beim Aufwachen ruhig darauf konzentrieren kannst, werden dir mehr Details zugänglich sein. Bruchstücke von diesem oder einem anderen Traum werden dir vermutlich zu verschiedenen Tageszeiten in den Sinn kommen, doch werden diese nicht so vollständig wie die erste Erinnerung im Wachzustand sein. Wenn du den Traum bewußt deinem Gedächtnis eingeprägt hast, wirst du die Details vermutlich weniger vergessen. Mache keine Aufzeichnungen, bevor du den Traum vor deinem geistigen Auge rekonstruiert hast. Nimm dann Bleistift und Papier und beginne zu schreiben. Manchmal kannst du vielleicht als erstes Farben aufschreiben, an die du dich erinnerst – einen gelben Regenmantel, einen blauen Himmel, einen roten Briefkasten, eine braune Jacke – und mit anderen Details fortfahren, beispielsweise »Es regnete und es wehte ein starker Wind«, »Ein merkwürdiger Traum, wo unmögliche Dinge an der Tagesordnung zu sein schienen«, oder du notierst genaue Einzelheiten der Umgebung, von Räumen oder Personen.

Wenn du dich nicht an deinen letzten Traum erinnern kannst, dann schreibe als allererstes auf, *wie du dich heute fühlst*, zum Beispiel: »Ich habe gut geschlafen und besitze eine Menge Energie« oder »Viele bruchstückhafte Träume, doch keine klaren Bilder« oder vielleicht sogar »Ich wollte, ich könnte heute im Bett bleiben«. Die erste Bemerkung – ob es nun um einen Traum oder um ein Gefühl geht – weiht die leere Seite ein, und dann kannst du damit beginnen, Bilder und andere Eindrücke aufzuschreiben.

Bilder aus Träumen

Du kannst vielleicht fragen: »Welche Bilder sind denn wichtig?« oder »Wie können Traumbilder mir irgend etwas Praktisches oder Nützliches vermitteln?« Alles in einem Traum ist bedeutungsvoll – Farben, Symbole, Situationen, Menschen, Gefühle und Sinneseindrücke. Träume sprechen in der Sprache der Symbolik und Metapher zu uns. Wir lernen verstehen, daß bestimmte Bilder in Beziehung zu unseren Eltern, zu unseren Beziehungen, zu unserer Arbeit und zu unseren Lebenszielen stehen. Sie sind wie Straßen, die auf einer Landkarte eingezeichnet sind: Darstellungen der Realität, aber nicht die Landschaft selbst. Du wirst keine vollständige und ganz genaue Darstellung des Gebiets erhalten, doch die Straßenkarte wird dir immer noch wertvolle Informationen über relative Entfernungen zwischen den Orten und die Bedeutung von Hauptstraßen bieten. Auch in Träumen scheinen manche Bilder oder Metaphern für die Realität wichtiger oder bedeutungsvoller als andere Bilder im gleichen Traum zu sein.

Das Aufzeichnen von Bildern

Diese Bilder sollten bei der Niederschrift besonders hervorgehoben werden, denn sie sind eine Botschaft von deinem Traum-Selbst. Auf der Musterseite ist Platz dafür vorgesehen, um Bilder oder Darstellungen von Dingen aufzuzeichnen, die in deiner Traumlandschaft erschienen sind. Mache dir keine Gedanken wegen deiner künstlerischen Fähigkeiten (schließlich wird kein Fremder eine Zeichnung in deinem privaten Tagebuch zu Gesicht bekommen), sondern gehe dabei so kreativ wie möglich vor. Buntstifte, Pastellkreide und selbst Filzstifte kannst du dazu verwenden, um einen Eindruck von dem zu geben, was du in deinen Träumen gesehen hast. Ich erinnere mich an einen Morgen, als ich mich beim Erwachen aufgewühlt und verstimmt fühlte, ohne mich jedoch an Einzelheiten aus meinen Träumen erinnern zu können. Ich schrieb auf, wie ich mich fühlte, und verwendete dann die entsprechende Spalte im Traumtagebuch dafür, Striche und durchkreuzte Linien in dunklen Farben und leuchtendem Rot hinzukritzeln. Meine Emotionen kamen in dieser Zeichnung sehr klar zum Ausdruck. Später konnte ich mich daran erinnern, was diesen Gefühlssturm ausgelöst hatte und mit den Energien auf praktische Weise umgehen.

Schreibe alle Bilder auf, an die du dich erinnerst, und mache dir dabei keine Gedanken über die Reihenfolge, in der sie auftraten. Zum Beispiel: »Ich erinnere mich an einen karmesinroten Schal, den eine sehr alte Frau um den Hals trug« oder »Tony tauchte in meinem Traum auf, aber er sah anders als sonst aus« oder auch »Das Meer – hohe Wellen – Himmel – nach unten gezogen werden, aber noch atmen können – Sand – Farben – Gefahr« usw.

Wenn du mehr mit Träumen arbeitest, wirst du feststellen, daß es leichter wird, deine Eindrücke aufzuzeichnen und in den Bildern, an die du dich erinnerst, eine persönliche Bedeutung zu entdecken. Diese Reise in die innere Landschaft wird dich auch bewußter werden lassen für die Bilder des Orakels, die spontan entstehen. Dies trägt wiederum zu deiner Fähigkeit bei, Energiemuster und Bildsymbole in verschiedenen Systemen der Divination deuten zu können. Du wirst damit vertraut werden, beim Aufwachen einen Ort in dir zu schaffen, der ruhig ist und zuhören kann, und für die Dinge, die du dort wahrnimmst, wirst du eine Deutung suchen.

Laß unten auf jeder Seite Platz für wichtige Energiemuster, die du beobachtest, und ihre Deutung. Nach einigen Tagen könnten andere Energiemuster in dir auftauchen; trage daher, wenn möglich, dein Traumtagebuch bei dir. Ich weiß nicht mehr genau, wie oft ich mir beim Einkaufen oder während einer Busfahrt die Zeit dafür genommen habe, neue Informationen in mein Traumtagebuch einzutragen, und daher kann ich diese Methode empfehlen.

Träume und Steine

Wenn du einmal damit begonnen hast, Träume und Sinneseindrücke aufzuzeichnen, werden nach und nach Einsichten in deine tiefsten Gefühle an die Oberfläche kommen. Wenn du mit einer besonderen Übung oder einem bestimmten Stein arbeitest, kannst du deinen Geist durch Konzentration auf Aspekte deines Charakters in dem Maße programmieren, daß du in Resonanz mit der Schwingung des betreffenden Steins trittst. Träume, die einen Bezug zu deinem tiefsten Wissen um jene Energieform haben, werden sich dann anschließen. Auf diese Art und Weise werden dein Traum-Selbst und dein bewußtes Selbst gemeinsam ihre Aufmerksamkeit auf jeden Aspekt deines Charakters richten.

Die Bedeutung von Träumen für die Anregung von intuitiven Vorgängen kann gar nicht genug hervorgehoben werden. Mit der Aufzeichnung unserer Träume und dann auch unserer sich stetig verändernden Beziehung zu den Steinen, die wir als Orakelwerkzeuge ausgewählt haben, wenden wir uns an jenen Teil unseres Geistes, der auf der Ebene des Orakels schwingt. Die Divination, die von intuitiver Erkenntnis ausgeht, ist eine Funktion des Höheren Geistes, die neben den Sinneswahrnehmungen existiert und als Brücke für die Botschaften des Göttlichen dient.

Es gibt viele Möglichkeiten, über diesen Vorgang zu sprechen – doch ob wir ihn nun auf die Anima (den weiblichen Anteil in jedem Menschen), die rechte Gehirnhälfte (nicht-lineares Denken, holistisches Bewußtsein) oder eine religiöse Wahrnehmung zurückführen, immer sprechen wir dabei von einer Sichtweise der Realität, die sich von den tatsächlichen Wahrnehmungen des Alltags erheblich unterscheidet. Das heißt aber nicht, daß die Divination – oder die Welt der Divination und des Orakels – weniger real als Stühle, die Morgenzeitung oder der Boden unter unseren Füßen ist; es handelt sich dabei nur um eine andere Art von Realität. Traumbilder und intuitive Eingebungen über die Bedeutung von Steinen können nutzbringender für dich sein als alle Kommentare, die andere darüber verfaßt haben. Deshalb enthält dieses Buch am Anfang jedes Abschnitts über die Elemente allgemeine Bemerkungen, gefolgt von Übungen, die eine Verbindung zu deinen eigenen Wahrnehmungen herstellen sollen. Dann ist Platz gelassen für deine persönlichen Anmerkungen, die aus Intuition, Traum und Erfahrung hervorgehen werden.

Die Aufzeichnung von persönlichen Eindrücken

Als ich das TraumStein-System entwickelte, habe ich eine bestimmte Zeit mit jedem Stein verbracht. Du kannst selbst für dich entscheiden, ob du mit einem Stein gern drei Tage, eine Woche, eine Mondphase oder über einen anderen Zeitraum hin arbeiten möchtest. Die Beschäftigung mit jedem Stein sollte jedoch mindestens drei Tage dauern, damit das darin enthaltene Potential voll und ganz erkannt werden kann. Auf einer späteren Stufe wirst du es vielleicht als notwendig empfinden, mit einem bestimmten Stein oder einer Kombination von Steinen vermehrt zu arbeiten, damit du den Aspekt deines Lebens verstehen kannst, der von ihrer Energie beeinflußt wird.

In meinen Tagebuchaufzeichnungen kann ich meine sich verändernden Eindrücke über die Bedeutung von Steinen zurückverfolgen. Meine frühen Notizen teilen über den Erdstein mit, »daß er auf alle Dinge von Heim und Herd, von Ehe und verbindlichen Beziehungen hinweist, wie Freundschaften, Elternschaft und die unmittelbare Umgebung. Er ist der feste Halt für Bewußtsein, Entspannung, Ruhe und Vertrauen. Er ist Heimat . . .« Als ich später die Zahl meiner Steine erweiterte, teilte ich einige dieser Aspekte auf verschiedene Steine auf: den Liebesstein, den Erdstein und den Heimatstein. Der Liebesstein betrifft »Herzensbeziehungen, die Mutter, emotionale Nahrung und Erfüllung«. Der Erdstein verkörperte schließlich »das Element Erde, praktisches Tun, Lebensweisheit, Reichtum und den Körper«. Der Heimatstein machte seine eigenen Veränderungen durch und hat später den Namen »Gaia-Stein« erhalten. Er hat immer noch manche der obigen Eigenschaften, doch seine Position beim Steinwurf sagt mir auch, welche Beziehung der

Fragesteller zur Natur, zu Erdzyklen und zur natürlichen Umgebung hat.

Wie du feststellen kannst, vermerkt das Tagebuch diese Veränderungen und teilt dir mit, wie sich deine Eindrücke über einen bestimmten Zeitraum hin gewandelt haben. In Kapitel 8, *Das Stein-Pentagramm*, sind Übungen für den ersten Teil der TraumSteine angegeben. Schreibe deine eigenen Erfahrungen und Gedanken zu jeder Übung auf und entwickle neue Möglichkeiten, denjenigen Teil deiner Persönlichkeit zu erforschen, der mit der Schwingung des jeweiligen Steins übereinstimmt.

Später werden die Drei Ringe beschrieben, die meine eigene Beziehung zu den TraumSteinen einschließen. Andere Menschen, die ich in dieses System eingeführt habe, sind ganz andere Beziehungen zu dem Orakel eingegangen und haben auch ganz unterschiedliche Steine und Bedeutungen gewählt. Ich möchte dich darin bestärken, die Drei Ringe in deinen Träumen zu erforschen, dafür dieselben Aufzeichnungen wie für das Stein-Pentagramm zu machen und dann deine intuitiven Eingebungen durch deine eigenen Lebenserfahrungen und die Beziehung zu jenem Aspekt deiner Psyche zu überprüfen. Wenn du dem Satz der TraumSteine jeweils einen Stein nach dem anderen hinzufügst, lassen sich die neuen Bedeutungen und Kombinationen zu einem Ganzen integrieren, und deine Fähigkeit zur Orakeldeutung wird sich vertiefen.

Teil II

PRAKTISCHE STEINMAGIE

Kapitel 5

DIE ERSTEN ANFÄNGE DER DIVINATION

Wer mit der Divination beginnt, sollte dies mit ihren einfachsten Formen tun und von dort aus weitermachen, wohin ihn seine Interessen und Fähigkeiten führen. Symbole (Karten, Steine, Runen usw.) können entweder nach dem Prinzip des Zufalls geworfen oder in einer bestimmten Anordnung ausgelegt werden. Die für den Steinwurf benötigten Kenntnisse sind recht einfach zu erwerben, denn bei ihm geht es um die Beziehung zwischen den Steinen und nicht um ihre feststehende Plazierung. Dies ist daher ein direkter Weg, eine Verbindung zu den natürlichen Kräften der Erde herzustellen, denn die Steine besitzen ihre eigene individuelle Verbindung zu diesen Energien. Die folgende Methode wird auf deine Fragen nur mit »Ja«, »Nein« oder »Vielleicht« antworten. Ihre Einfachheit täuscht jedoch, denn die Anzahl von Fragen, die du stellen kannst, wird nur durch deine eigene Vorstellungskraft begrenzt.

Folgendes ist dabei zu beachten: Stelle dir in einer Sitzung nur jeweils drei Fragen, die sich auf ein bestimmtes Ereignis beziehen, und stelle *nie* eine Frage, auf die du im Grunde genommen die Antwort gar nicht wissen willst. Wenn ein »Nein« dich erschreckt, ist die Frage vielleicht nicht richtig gestellt, und auch ein »Ja« mag sich als beunruhigend herausstellen. Emotionale Probleme, wie »Liebt er/sie mich?«, gelten nicht als geeignet, da du dem Ergebnis nicht unparteiisch gegenüberstehen kannst und den Fall der Steine entsprechend beeinflussen wirst.

Zur Vorbereitung

Wähle drei Steine aus, die für Ja, Nein und die Frage stehen. Sie können jede beliebige Farbe haben, die dir gefällt, und

47

müssen lediglich für dich persönlich den drei obigen Eigenschaften entsprechen. Viele wählen einen hellen Stein für Ja, einen dunklen Stein für Nein und einen Stein von kräftiger Farbe (beispielsweise rot, blau oder grün) für die Frage. Du kannst diese Steine selbst in deinem Garten oder am Meer suchen, oder du kannst auch Stücke von Halbedelsteinen günstig in einer Mineralienhandlung erwerben. Halte dich offen für alle Möglichkeiten, und du wirst deine eigenen Steine ziemlich rasch finden. Anstelle von Steinen können auch farbige Meeresmuscheln verwendet werden. Sie sind jedoch empfindlicher und werden vermutlich nicht so lange halten, was auf längere Sicht ein Nachteil ist. Ansonsten ist jedoch nichts gegen sie einzuwenden – besonders dann, wenn du es gar nicht erwarten kannst, mit der Divination sofort anzufangen.

Die Methode

* Wähle einen Ort, wo du nicht gestört wirst, und setze dich in bequemer Haltung auf den Boden.
* Mache drei tiefe Atemzüge, um deine Energie zu konzentrieren.
* Halte die drei Steine fest zwischen deinen Handflächen und denke intensiv an deine Frage.
* Schüttle die Steine in deinen Händen, um ihnen deine Energie einzuprägen.
* Wirf dann die Steine auf den Boden.

Deutung

* Der Stein, der dem Stein deiner Frage am nächsten liegt, ist deine Antwort.

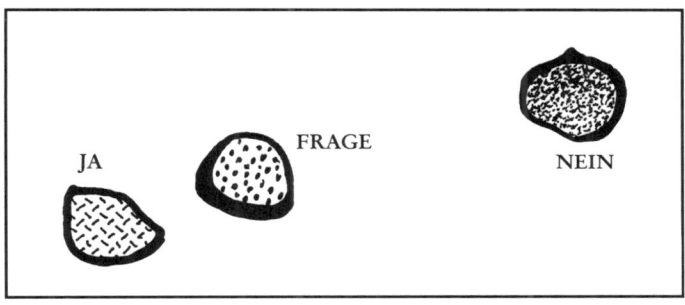

* Wenn beide Steine gleich nah, oder fast gleich, liegen, dann ist die Antwort ungewiß. Du kannst dies als »unentschieden« oder »vielleicht« deuten.

Der Faktor Zeit

Die obige Methode kann auch dazu verwendet werden, um Informationen über Vergangenheit oder Zukunft zu erhalten. Der Ja-Stein steht für die Zukunft, der Nein-Stein für die Vergangenheit (oder Erinnerungen) und der Frage-Stein für die Gegenwart. Wenn du in einem Wurf fragst, ob ein bestimmtes Ereignis eintreten wird und als Antwort ein »Ja«

erhältst, dann solltest du die Steine nochmals werfen, um bestimmen zu können, ob sich die Antwort auf ein vergangenes oder zukünftiges Ereignis bezieht. Auch hier gibt der Stein, der dem Stein deiner Frage am nächsten liegt, die Antwort.

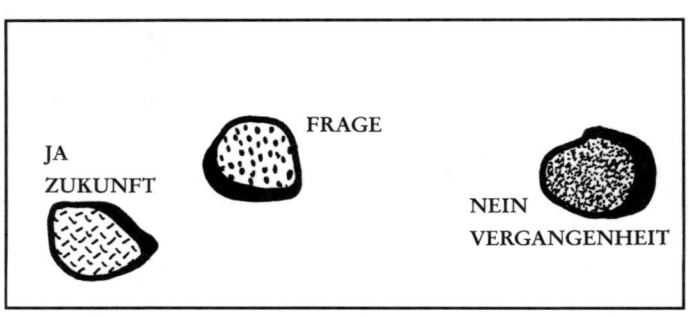

Die Weiterführung der Divination

Die ersten Versuche bei der Deutung von Beziehungen zwischen Steinen werden nun in differenziertere Energiemuster hineinführen. Bei der Divination konzentriert sich die Deutung nicht allein auf die positiven oder negativen Aspekte eines solchen Musters. Ein Steinwurf läßt diese zu einer neuen Verbindung werden und rückt sie in eine bestimmte Perspektive zueinander. Dem entspricht die Arbeit mit Steinen, die deine Beziehung zu deiner Umwelt darstellen.

Auch wenn es keine absolut sicheren Werte für Steinkombinationen gibt, werden die Übungen in diesem Buch es dir ermöglichen, persönlich bedeutungsvolle Verbindungen herzustellen. Deine Deutung wird von deiner Geschicklichkeit, Erfahrung und Zufallsfaktoren zum Zeitpunkt des Steinwurfs abhängig sein. Die Kunst der Divination ist eine Reise zur Selbsterkenntnis und zu veränderten Wahrnehmungen. Du wirst auch andere darin unterstützen können, die Ereignisse in ihrem Umfeld klarer zu erkennen.

Kapitel 6

Elementarenergien

Die Energien, die sich in der Welt miteinander verbinden, haben Eigenschaften, die wir in allen lebendigen Dingen wiedererkennen können. Wir nehmen Realität als eine Verbindung von Geist und Materie, ein Gewebe aus Energie und Form wahr.

Das Leben unserer Vorfahren wurde von Elementarkräften beherrscht: von Wind, Regen, Feuer und Eis – und durch die Notwendigkeit, Schutz, Wärme, Nahrung und Gemeinschaft zu finden. Doch sie schenkten auch der spirituellen Seite des Lebens Beachtung und fanden eine Erklärung für ihre Welt in den Geistern, die über die Elementarkräfte herrschten. Erst viel später unterteilten Philosophen die Welt in die Elemente Luft, Feuer, Wasser und Erde. Die fünfte Schwingung, Geist *(spirit)*, entsteht aus dem Zusammenwirken der übrigen vier und ist das, was jenseits des Materiellen oder konkret Wahrnehmbaren in der Welt existiert. Diese elementaren Prinzipien waren Symbole, welche die komplexe Wechselbeziehung zwischen Kraft und Form umschrieben und ihren Niederschlag in esoterischen Studien fanden. In der abendländischen Esoterik wurden geistige Vorstellungen und intuitive Erkenntnisse über diese Prinzipien und ihr Verhältnis zueinander als allgemeine Informationsgrundlage akzeptiert.

Luft kann mit dem Wind assoziiert werden, mit der Morgendämmerung, dem Neubeginn und der Jahreszeit des Frühlings. Im Leben des Menschen ist Luft der erste Atemzug, der die Trennung vom Mutterschoß ankündigt. Andere Entsprechungen sind Bewußtsein, Erwachen, Aktivität und Denken. *Feuer* kann mit dem Blitz assoziiert werden, mit dem Mittag, mit Erforschen und spontanem Geschehen, mit Kreativität und der Jahreszeit des Sommers. Im Leben des Menschen ist Feuer das Erwachen der Sexualität mit der Pubertät. Andere Entsprechungen sind Leben, Kraft, Willen und radikales Verhalten. *Wasser* wird mit Regen und Flut assoziiert, mit der Abenddämmerung, dem Nachdenken über Ereignisse, Vorstellungskraft und der Jahreszeit des Herbstes. Im Leben des Menschen ist Wasser die Zeit der Reife, die Entfernung von den Interessen der Kindheit. Andere Entsprechungen sind die Nacht, Träume, Emotionen und Sehnsucht. *Erde* wird mit Schnee und Eis assoziiert, mit der Mitternacht, dem Ende und der Jahreszeit des Winters. Im Leben des Menschen kündigt Erde Alter und Tod an. Andere Entsprechungen sind Weisheit, Verdichtung und Wiedergeburt.

Die moderne Wissenschaft scheint die alchemistische Auffassung der Elementarprinzipien zugunsten von neuen Ordnungssystemen aufgegeben zu haben, um die Bewegungskräfte der Welt systematisch in überschaubare Tabellen und Übersichten zu gliedern. Die grundlegenden Bausteine entsprechen jedoch dem älteren System: Erde ist zu Kohlenstoff geworden, Wasser zu Wasserstoff, Luft zu Sauerstoff und Feuer zu Stickstoff. Die Grundelemente der modernen Chemie haben sich aus diesen vier Urprinzipien entwickelt. Desgleichen werden verschiedene Zustandsformen von Energie wahrgenommen: fest, flüssig, gasförmig und plasmatisch, wozu alle Formen der Materie gehören, die sich aus Unterschieden und Harmonien zwischen diesen Energien zusammensetzen.

Alle Beschreibungen dieser Grundbausteine, die unsere Realität ausmachen, zeigen einen inneren Zusammenhang. Jedes der vier Elemente wirkt symbolisch und stellt eine unterschiedliche Verbindung aus physischen, emotionalen und ätherischen Entsprechungen dar. Die Arbeit mit den Elementen ermöglicht es uns, die auseinanderstrebenden Aspekte unseres Lebens ins Gleichgewicht zu bringen, und führt zu größerer innerer Harmonie und ganzheitlicher Integrität der Zielsetzung. Daher wählen wir uns als erstes Steine für die Elemente aus. Wenn wir sie aussuchen, mit ihnen arbeiten und für das Orakel gebrauchen, befähigt uns dies, die Energiemuster in unserem Leben zu erforschen. Die Nutzung dieser Symbole für die Divination läßt sich damit vergleichen, mit breiten Pinselstrichen den Hintergrund eines Bildes zu malen. Sie liefern einen Ausgangspunkt, den unsere Vorfahren als Verkörperung der Naturkräfte verstanden hätten und Philosophen in den verschiedenen Zeitaltern der Menschheitsgeschichte als Verkörperung der esoterischen Elemente. Die *TraumSteine* haben das Ziel, wieder eine Verbindung zwischen den Elementen des Selbst und der Magie der lebendigen Erde herzustellen.

Elementarsymbole

Die folgenden Symbole für die Elemente stammen aus der Alchemie, dem Ursprung der modernen Chemie. Alles im Universum besteht aus verschiedenen Quantitäten dieser Elemente; jeder psychologische Zustand, jedes Energiemuster ist mit einer Elementarenergie oder mehreren von ihnen verbunden. Du wirst feststellen, daß diese Symbole oben bei den Schlüssel-Assoziationen für das Stein-Pentagramm erscheinen und ebenfalls bei den Schlüsseln für die Drei Ringe, die sich aus dem Stein-Pentagramm entwickeln. Wenn du diese Symbole in Verbindung mit einem bestimmten Stein in den Drei Ringen siehst, wirst du erkennen, daß der bewußte Stein eine Erweiterung dieser Elementarenergie darstellt, obwohl er natürlich auch noch andere Qualitäten in sich einschließt, die seine eigene Einflußsphäre betreffen. Außerdem wird auch das Symbol für »Geist« *(spirit)* wiedergegeben, das überall dort bei den Schlüsseln für Steine auftaucht, die Schwingungen dieser geistigen Energie enthalten.

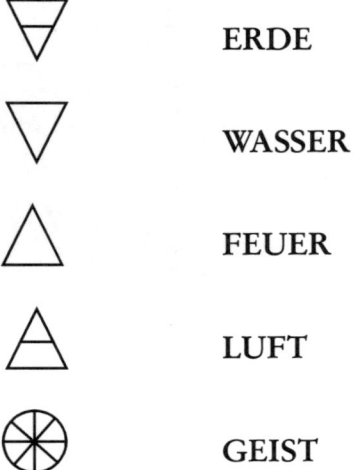

ERDE

WASSER

FEUER

LUFT

GEIST

Kapitel 7

Arbeit mit Energie

Es gibt zwei grundlegende Methoden, mit der Energie der TraumSteine zu arbeiten: Die erste besteht in der Auswahl der Steine, die wir mit den verschiedenen Elementen und Aspekten unseres Lebens verbinden, und die zweite ist die bewußte »Aufladung« dieser Steine mit unserer eigenen Energie.

Im ersten Fall setzen wir unsere Sinne – sowohl auf physischer Ebene als auch intuitiv – dafür ein, Steine mit einer inneren Energie auszuwählen, die uns auf irgendeine Art und Weise anspricht. Dann vertiefen wir unsere Auswahl im Hinblick auf solche Steine, deren Schwingung mit der inneren Vorstellung übereinstimmt, die wir von einer bestimmten Idee haben. Mein Stein für Erde wurde zum Beispiel nach längerer Überlegung ausgewählt. Zuerst suchte ich, nach den Kriterien von Farbe, Größe und ästhetischem Empfinden, eine Anzahl von Steinen aus, die wie meine Vorstellung von Erde aussahen. Dann schloß ich die Augen und berührte der Reihe nach jeden Stein und sortierte nach und nach aus, bis nur noch zwei Steine übriggeblieben waren. Die letzte Wahl traf ich, indem ich jeden Stein auf meine Stirn (das Dritte Auge) und dann hinter mein Ohr preßte – fast so, als würde ich auf die Resonanz des Steins gegen meine Knochen lauschen. Dieser Vorgang gab mir Aufschluß aus einem Zusammenspiel der Sinne und engte die Auswahl auf den besonderen Stein ein, der nun mein Erdstein ist. Die meisten anderen Steine in meiner Sammlung wurden auf ähnliche Weise ausgewählt, einige Steine ausgenommen, die ich geschenkt bekam. Eine Freundin erwähnte kürzlich, daß ihrer Erfahrung nach manche Menschen erst dann ein richtiges Gespür für die Energien eines Gegenstandes bekommen, wenn sie ihn mit der Zunge berührt haben – eine

Möglichkeit, an die ich vorher nicht gedacht hatte. Es erscheint jedoch sinnvoll, diese Technik einzubeziehen, wenn eine Entscheidung über die richtigen Steine dadurch leichter zu treffen ist.

Die zweite Methode, mit den TraumSteinen zu arbeiten, besteht darin, die in ihnen enthaltene Energie durch die Herstellung einer Beziehung zu jedem Stein zu erhöhen. Wir arbeiten gemeinsam mit der Energie des Steins und der Energie eines bestimmten Aspektes unserer Persönlichkeit, um beide miteinander zu verbinden. Diese Übungen sind in Kapitel 8, *Das Stein-Pentagramm*, und in Kapitel 11, *TraumStein-Kreise*, enthalten. Durch die Arbeit mit einer Kombination von Steinen arbeiten wir gleichzeitig auch mit den entsprechenden Aspekten unserer inneren Wesensnatur und können bewußt die vielschichtigen Energiemuster in unserem Leben erkunden. Die Selbsterkenntnis, die aus dieser Erforschung entsteht, wird allmählich zu einer Umwandlung des Selbst durch größere Integration und Anpassungsfähigkeit führen.

Die Aufbewahrung der Steine

Ein Aspekt dabei, eine Beziehung zu deinen Steinen herzustellen, besteht in den notwendigen praktischen Tätigkeiten, sie aufzubewahren, sie zu reinigen und zu schützen. Steine sammeln und speichern Eindrücke aus der Art ihrer Behandlung und sollten daher in einem besonderen Säckchen, Beutel oder Kästchen aufbewahrt werden, um sie vor zufälligen und unerwünschten Einflüssen zu schützen. Zu diesem Zweck empfiehlt sich Seide ganz besonders, doch auch Leder, Veloursleder oder jede andere Naturfaser ist ebenfalls geeignet. Wenn du eine besondere Vorliebe für eine Synthetikfaser als äußere Hülle für deinen Beutel hast, solltest du ihn mit Seide oder Baumwolle füttern, damit die Steine in Berührung mit einer Naturfaser sind. Die ersten Steine (Ja-,

Nein- und Frage-Stein sowie die Steine des Stein-Penta-gramms) solltest du immer bei dir tragen, damit du dich auf ihre Energie einstimmen und die besondere Beziehung herstellen kannst, die für den inspirierten Steinwurf notwendig ist. Es ist daher eine gute Idee, einen Leder- oder Stoffbeutel um den Hals oder an einem langen Riemen unter der Kleidung um die Taille zu tragen.

Der einfachste Beutel besteht aus weichem Leder oder Wildleder. In einen Kreis von 15 cm Durchmesser werden etwa 5 mm vom Rand Löcher gestanzt; durch diese wird ein Lederband gezogen, und der Kreis wird nach innen zusammengezogen, so daß er einen Beutel bildet. Ein anderer einfacher Beutel wird aus zwei Stücken eines Materials wie Leder, Wildleder oder Baumwolle zusammengenäht und bekommt am oberen Ende ein Zugband. Als Alternative dazu wäre ein natürliches Material wie Holz, Muschelschale oder Knochen, vielleicht auch ein Behälter aus Keramik, Marmor oder Onyx geeignet. Du bist darin nur durch deine eigene Vorstellungskraft und die Auswahl an natürlichen Materialien begrenzt.

Die Steine, die du zusammenstellst, werden von unterschiedlicher Härte sein; das kann dazu führen, daß sich manche abnutzen, splittern oder zerbrechen. Davor kannst du dich schützen, indem du kleine Taschen in das Futter des Beutels nähst, in die du die weicheren Steine legst, damit sie sich nicht an den härteren reiben. Wenn die Steine sehr glatt und regelmäßig geformt oder kugel- bzw. eiförmig sind, werden sie sich weniger abnutzen, da weniger Oberflächen miteinander in Berührung kommen.

Zu Hause bewahre ich meine Steine in einem geschnitzten Holzbehälter auf. Wenn ich auf Reisen bin, verwende ich dafür einen mit Knochen und Muschelschale verzierten Lederbeutel. Beide Behälter sind durch Konzentrationskraft aufgeladen worden und haben in einem Ritual schützende Symbole erhalten.

Reinigung

Die Reinigung deiner Steine umfaßt sowohl physische als auch psychische Methoden. Zur äußeren Reinigung gehört, die Steine zuerst in Salzwasser, dann in reinem Quell- oder Regenwasser zu waschen und sie mit einem sauberen, weichen Tuch zu polieren. Das Salzwasser und das klare Wasser dienen auch dazu, den Stein von unerwünschten äußeren Einflüssen zu säubern. Dies kannst du als erstes tun, wenn du Steine mit nach Hause bringst – ob diese nun vom Strand, aus einem Flußbett oder einer Mineralienhandlung stammen. Häufig ist es schwierig, einen klaren Eindruck von den inneren Qualitäten eines Steins zu bekommen, bevor nicht die Einflüsse anderer Menschen, die damit umgegangen sind, beseitigt wurden. Dies wird durch den Vorgang der äußeren physischen Reinigung erreicht. Einige Tropfen eines ätherischen Öls, wie Jasmin (für Klarheit) oder Rosmarin (für Schutz), die man dem klaren Wasser hinzufügt, werden alle noch vorhandenen Spuren der Energie anderer Menschen von dem Stein fortnehmen.

Vielleicht wird es notwendig sein, den Stein auch von unerwünschten persönlichen Emotionen zu reinigen. Ein Beispiel dafür wurde von einer Freundin berichtet: Jemand trug seinen Lieblingskristall während des Tages um den Hals und legte ihn während des Schlafens ab. Der Betreffende berührte ständig den Stein, besonders zu Zeiten von Streß. Unglücklicherweise hatte er eine Situation erlebt, wo er ziemlich viel Zorn auf sich gelenkt hatte und selbst zornig reagierte. Diese Energie konzentrierte sich unbeabsichtigt in dem Stein, den er dabei festgehalten hatte. Noch Tage danach fühlte er sich gereizt und wurde schließlich zutiefst deprimiert; diese Gefühle verschwanden nur während der Nacht. Durch eine andere Person wurde die Verbindung des Problems mit dem Bergkristall festgestellt. Eine Reinigung des Steins mit Salzwasser, die sorgfältig den negativen Einfluß fortspülte, den er angesammelt hatte, stellte das Gleichgewicht des betreffenden Kristalls wieder her und hob die Stimmung des Betreffenden, da er nicht mehr auf eine alte Verärgerung reagierte, die sich in dem Stein konzentriert hatte. Das meiste überlieferte Wissen um den Bergkristall wird die Fähigkeit dieser Steine hervorheben, Zorn und Ärger zu klären und Negativität umzuwandeln, doch müssen sie dafür programmiert sein.

Die positive Kraft von richtig zum Ausdruck gebrachten Zorn kann zur Stärkung der persönlichen Durchsetzungskraft und Selbstbestimmung bewußt in einen aktiven Stein gebunden werden. Es können jedoch Emotionen, die nicht konzentriert und positiv gelenkt sind, aufgenommen werden, wenn du deine Wurfsteine während einer solchen Erfahrung in der Hand hältst. Wenn sich der Stein innerhalb deines Körperfeldes befindet, jedoch von einem eigenen Säckchen geschützt wird, ist die Wahrscheinlichkeit dafür weitaus geringer. Die Steine, die du bei dir trägst, werden dann nur diejenigen Schwingungen aufnehmen, für deren Empfänglichkeit sie von dir programmiert worden sind. Es ist eine nützliche Methode, deine Steine regelmäßig zu reinigen – ebenso wie ein Maler seine Pinsel von Zeit zu Zeit gründlich reinigt oder ein Schriftsteller auf seinem Schreibtisch und in seinen Papieren Ordnung schafft. Diese Reinigung festigt deine Beziehung zu den Steinen oder Bergkristallen und neutralisiert andere Energien, mit denen sie in Kontakt gekommen sind. Während der Konzentration auf die Verbindung von Steinsalz und Wasser zur Reinigung deiner Steine kannst du die folgenden Worte sagen:

Möge sich dieses reine Wasser mit der Macht des Salzes verbinden, damit es diese Steine der lebendigen Erde reinige und segne.

Schutz

Runen oder Symbole des Schutzes oder der Magie können auf Stoffsäckchen genäht oder gemalt und auf Behälter, in denen du deine Steine aufbewahrst, gemalt oder in sie eingraviert werden. Wenn du einen besonderen Behälter für deine Steine »auflädst«, wird er Energie aus ihnen gewinnen und einen Ort von angenehmer Resonanz schaffen. Im Laufe der Zeit wird der Behälter eine stärkere Resonanz bekommen und seine Schwingungen in den Raum aussenden, wodurch ein feinstoffliches Energiegewebe in deinem unmittelbaren Umfeld entsteht. Für die Weihung und »Aufladung« des Behälters ist nichts anders als die Konzentration deines Willens auf den betreffenden Gegenstand notwendig, wobei du dir diesen als einen Ort von positiven Energien, von Schutz, Einbettung und Harmonie vorstellst.

Die Aufladung der Steine

Ein »aufgeladener« Stein ist im wesentlichen ein Amulett oder Talisman, der auf symbolische Weise diejenigen Eigenschaften verkörpert, mit denen du ihn energetisch aufgeladen hast. In seinem Buch *The Master Book of Herbalism* hat Paul Beyerl folgendes darüber geschrieben:

Menschen, und sie sind nicht die einzigen Geschöpfe auf Erden, bei denen dies so ist, lassen sich immer wieder von leuchtend farbigen Steinen in den Bann ziehen, die sich von der übrigen Umgebung unterscheiden. Sie heben sie auf, bewahren sie sicher in einer Tasche und behalten sie, während die Zeit fortschreitet, als eine Quelle der Verzauberung und des Wunders. Es gibt wenige unter uns, die nicht Federn, Drahtstücke oder andere Merkwürdigkeiten auf ihren Reisen gesammelt haben. Dies sind die Bestandteile für das traditionelle Amulett.

Jeder Stein sollte so gereinigt und geweiht werden, wie du dies mit jedem Gegenstand oder Werkzeug der Kraft, Magie oder Heilung tun würdest. Die TraumSteine werden in einem Konzentrationsvorgang aufgeladen, der sie mit bestimmten Informationen versieht, wie beispielsweise die Symbole oder Assoziationen, in denen sich die Eigenschaften des betreffenden Steins verkörpern. Es können auch Kräuter verwendet werden, um ein Verständnis für die Kräfte des jeweiligen Steins zu erschließen. Ein Tee, der aus einer geeigneten Pflanze zubereitet wird (siehe dazu die Schlüsselassoziationen für jeden Stein in Kapitel 13), kann, wenn er während der Konzentration auf einen Stein getrunken wird, dazu beitragen, Einsichten über die innere Natur sowohl des Steins als auch der mit ihm verbundenen Eigenschaften herbeizuführen. Für die Zubereitung des Tees läßt man ein geeignetes ungiftiges Kraut fünf bis zehn Minuten in kochendem Wasser ziehen. Achte darauf, die Eigenschaften der betreffenden Pflanze in einem zuverlässigen Kräuterbuch zu überprüfen, damit ihre Wirkungen nicht dein Verdauungssystem durcheinanderbringen oder in Verbindung mit einem Medikament, das du einnimmst, vielleicht schaden.

Auch ätherische Öle können wie Weihrauch auf Holzkohle verbrannt werden, damit sich einerseits dein Bewußtsein für die erwünschte Schwingung öffnet und sich andererseits der Stein durch den aufsteigenden Rauch mit den erwünschten Eigenschaften auflädt. Die Kombination von Duft und Konzentration auf Bilder und Symbole in Verbindung mit einem Stein wird deinem Geist Schlüsselassoziationen einprägen, die mühelos abgerufen werden können, wenn du die Bedeutung eines Steins bei einem Orakelwurf interpretierst. Das ist wichtig – denn jemand, der Divination betreibt und Bedeutungen in einem Buch nachschlagen muß, verliert rasch an Glaubwürdigkeit!

Wenn du einen Stein »auflädst«, so konzentriere deine gesamten Energien auf das, was der Stein für dich verkörpert.

Nachdem er in Salzwasser gereinigt und auf einem Tuch poliert worden ist, beginnst du mit ihm zu arbeiten und führst die Übungen aus, die in dem Kapitel über das Stein-Pentagramm angegeben sind, oder du entwickelst deine eigenen Übungen, zu denen du von deinen Träumen angeregt worden bist. Hebe den Stein in einem besonderen Beutel oder Behälter auf und arbeite mit dem nächsten Stein in dieser Abfolge weiter.

Es gibt ein einfaches Ritual für das Ende von jedem Element des Stein-Pentagramms und für den Abschluß der Drei Ringe, das du ausführen kannst, wenn du die Energien von jedem neuen Satz an Steinen miteinander integrieren möchtest. Diese rituellen Handlungen konzentrieren deine Aufmerksamkeit auf die Wechselbeziehungen zwischen den Steinen und verstärken den Energieausgleich sowohl in den Steinen als auch in deiner Umwelt.

Kapitel 8

DAS STEIN-PENTAGRAMM

Das Pentagramm ist ein Symbol, das den kosmischen Menschen im Zustand des Gleichgewichts darstellt. Wir kennen Leonardo da Vincis Zeichnung von einem Menschen, der in dieser graphischen Figur dargestellt ist, ebenso wie verschiedenartige Talismane, in denen sie enthalten ist. Ein silbernes Pentagramm wird in modernen esoterischen Richtungen häufig als ein Erkennungszeichen verwendet, und viele Muster oder Verzierungen beruhen darauf. Dieses Zeichen ist gleichbedeutend mit der Vorstellung von Magie und Geheimnis. Im Tarot werden Pentagramme (oder Münzen) durch das Element Erde beherrscht und haben verschiedene Deutungsmöglichkeiten von Gleichgewicht, Reichtum, Wachstum und Schutz.

Die fünf Steine, die das Stein-Pentagramm bilden, sind Elemente in deinem Leben, die in gleichem Maße wichtig sind. Wenn du den Geist vernachlässigst, leugnest du die Verbindung mit der neubelebenden Energie des Kosmos. Wenn du das Feuer vernachlässigst, vermindert sich dadurch dein Selbstwert und die Sexualität. Wenn du das Wasser vernachlässigst, werden deine Emotionen aus dem Gleichgewicht geraten. Wenn du die Luft vernachlässigst, schenkst du deiner Intelligenz und Entscheidungsfähigkeit kein Vertrauen. Wenn du nicht auf die Erde achtest, wird es dir schwerfallen, finanziell für dich zu sorgen, gesund zu bleiben und Freude an sinnlichen Vergnügen zu finden.

Das Ziel des Stein-Pentagramms besteht darin, die wichtigsten Aspekte deines Lebens in ein Gleichgewicht zu bringen, damit du dir der Bereiche bewußt wirst, die Aufmerksamkeit und Arbeit brauchen. Wenn sich diese Hauptbereiche in deinem eigenen Leben im Gleichgewicht befinden, dann kannst du auch die Steine für Freunde deuten. Selbster-

kenntnis, Beobachtungsgabe und die Fähigkeit, das Gleichgewicht der Kräfte bei sich selbst und im Leben anderer sorgfältig zu interpretieren, sind die Merkmale eines guten Orakeldeuters.

Bewege dich von diesem Ausgangspunkt zu den mehr in
die Tiefe gehenden Deutungen, die mit dem vollständigen
Orakel von mehr als zwanzig Steinen arbeiten.

Erde

Denke an den Erdboden unter deinen Füßen, das Gewicht deines Körpers, an deine Knochen, die dein Knochengerüst bilden, an deine Nägel, Zähne und Haare. Das Element Erde ist mit jenem Teil deines Geistes verbunden, der das Land-Selbst ist.

Das Land-Selbst hat Anteil an der Nahrungskette, dem Gewebe des Lebens, der organischen und symbiotischen Verbindung mit dem Land. Aus ihm schöpfst du dein Gefühl für einen Ort, für Heim und Sinnlichkeit – die Freude an deinem Körper und den Sinnesempfindungen. Das Land-Selbst erinnert sich an die eigentliche Heimat und erfährt die Lektionen des Überlebens. Hier ist Weisheit, Stabilität, Integrität, die Fülle und Fruchtbarkeit der Ernte.

Weil uns das Land Nahrung schenkt, wird das Element Erde mit Fülle, Fruchtbarkeit, Überfluß und Reichtum assoziiert. Daher verkörpert ein Erdstein Besitz, Finanzen, Geschäfte, Gleichgewicht und den Sinn für das Praktische. Das Land-Selbst herrscht über jenen Teil deines Lebens, der mit Gesundheit, Nahrung, Arbeit und körperlicher Aktivität zu tun hat.

Die Arbeit mit Erde

Wähle für Erde einen Stein aus, der dir ein Gefühl von Stabilität, Gleichgewicht und Behaglichkeit gibt. Reinige den Stein, indem du ihn einige Tage in der Erde vergräbst und danach mit Salz abreibst. Salz steht deshalb mit dem Element

Erde in Verbindung, weil es den Geschmack des Essens verbessert, zur Konservierung dient und als Maßeinheit für Wohlstand verwendet wurde.

Halte deinen Erdstein während deiner Übungen in der Hand, genieße körperliche Betätigungen wie Essen und Laufen. Zeichne deine Eindrücke in deinem Tagebuch auf und trage den Stein während deiner Tagesaktivitäten bei dir.

Mache eine bewußte Anstrengung, die praktischen, irdischen Aspekte deines Alltagslebens wahrzunehmen.

Erdsteine

Einige Steine, welche die Kräfte der Erde ausbalancieren, sind: Hämatit, Obsidian, Rauchquarz, Jaspis, Fossilien und versteinertes Holz.

Meine Gedanken zu Erde:

Wasser

Achte auf dein Blut, deinen Speichel, Urin, geschlechtliche Flüssigkeiten, deine Tränen, Emotionen und instinktive Reaktionen auf deine Umwelt. Das Meer-Selbst antwortet auf den Rhythmus der Gezeiten in deinem Blut, der wiederum auf

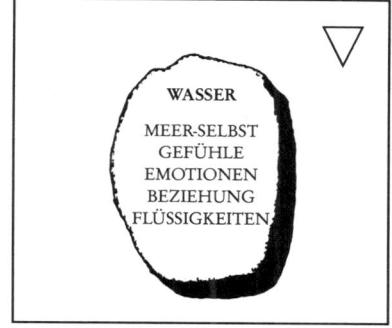

WASSER

MEER-SELBST
GEFÜHLE
EMOTIONEN
BEZIEHUNG
FLÜSSIGKEITEN

den Ruf des Mondes anspricht. Das Meer-Selbst erinnert sich an das Fruchtwasser im Mutterschoß und das Urmeer der Träume. Hier liegt der Bereich der Gefühle und mystischen Einsichten.

Das Meer-Selbst reagiert auf Mythos, Dichtung und Musik. Das Element Wasser wird mit Träumen, Visionen und Kristallsehen assoziiert. Es entspricht deiner Sympathie und deinem Verständnis für das innere Selbst eines anderen, die Fähigkeit, zuzuhören und die grundlegende Bedeutung einer Situation zu erfassen. Von daher haben Lebensberater einen starken Wasser-Aspekt.

Die Gezeiten in deinem Blut verbinden dich mit allem anderen organischen Leben, das denselben Ruf erhält. Das Wasser-Element ist dein unbewußtes, ursprüngliches Meer-Selbst, das intuitiv, einfühlsam und nährend ist. Das Meer-Selbst reflektiert die Stimmungen und Veränderungen des Ozeans und hat mit Beziehungen, Spiegelbildern und Bildern der Realität zu tun. Es ist kontemplativ und mit den Angelegenheiten von Liebe, Freundschaft und Harmonie beschäftigt.

Die Arbeit mit Wasser

Wähle für Wasser einen Stein aus, der deiner Intuition und deinen Gefühlen zusagt. Bade ihn im Wasser des Meeres, eines Flusses oder einer mineralhaltigen Quelle. Reibe ihn mit deinen Körperflüssigkeiten ein und gib ihm deine Gefühle von Fürsorge und Harmonie. Halte ihn in der Hand, während du deine Lieblingsmusik hörst. Lege ihn in ein Gefäß mit Wasser und beobachte, wie er sich mit den Reflexionen und Verzeichnungen des Wassers verändert. Rufe dir deine Träume ins Gedächtnis und führe ein Traumtagebuch. Achte auf deine gefühlsmäßigen Reaktionen. Lausche auf dein Meer-Selbst und bewege dich instinktiv durch dein Leben.

Wassersteine

Einige Steine, die Bilder des Wassers in sich enthalten und widerspiegeln, sind: Lapislazuli, Türkis, Achat, Amethyst und Jade.

Meine Gedanken zu Wasser:

Feuer

Denke an deine Vitalener-
gie, die feurige Energie der
Nerven, Botschaften in
den Körper zu senden, die
Leidenschaft und Lebens-
lust, die dir Entschlußkraft
und Motivation gibt. Das
Feuer-Selbst ist beweglich,
kreativ und dynamisch
und steht für den Energie-
bereich.

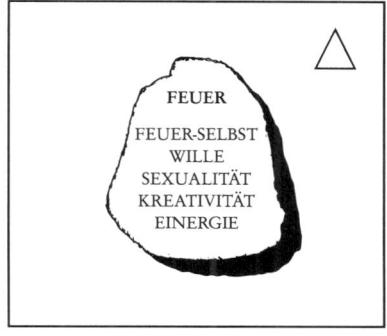

Die hierin enthaltene Spannung manifestiert sich als Zeu-
gungsprozeß, worin die doppelte Kunst des kreativen Aus-
drucks und des disziplinierten Willens anzutreffen ist. Das
Feuer-Selbst erwacht mit der Pubertät und zeigt sich in deiner Sexualität, in deinem Ehrgeiz und persönlichen Macht-
einfluß. Es ist der Wille, etwas zu erreichen, und die Energie,
welche die äußeren Schlacken verbrennt, um zum inneren
Kern der individuellen Stärke vorzustoßen.

Das Feuer-Element herrscht über sexuelle Anziehung,
Heilung und den Abenteurergeist. Das Urfeuer entzündet
Aktivität und Veränderung. Es ist jener Teil in deinem
Geist, der von den farbigen und herausfordernden Dingen
im Leben angezogen wird. Feuer ist das Element der Lebenskraft und herrscht daher über Gesundheit, Vorstellung und
das Selbstbild. Es ist das Herzstück deiner Individualität.

Die Arbeit mit Feuer

Wähle für Feuer einen Stein aus, der deine Energie und Vorstellungskraft anregt. Reibe ihn mit einem ätherischen Öl
ein, zum Beispiel mit Patchouli, Zimt oder Nelke, und konzentriere deinen Willem und deine persönliche Energie dar-

auf, eine Verbindung mit der Kraft herzustellen, die im Innern des Steins und in dir selbst existiert. Bringe den Stein in Berührung mit Kerzenlicht und halte ihn in deiner Hand, wenn du ein Feuer betrachtest. Trage ihn während des Sexualverkehrs bei dir, und schreibe die Eindrücke auf, die mit Feuer in Verbindung stehen. Achte auf deinen Ehrgeiz, deine persönliche Macht und dynamische Energie ebenso wie auf die Spannungen in deinem Leben, die Veränderungen hervorrufen. Überprüfe deinen Willen und deine Kreativität.

Feuersteine

Einige Steine, welche die Energie des Feuers hervorrufen, sind: Karneol, Granat, Jaspis, Blutstein und roter/oranger/goldfarbiger Achat.

Meine Gedanken zu Feuer:

Luft

Denke an den Lebens-
atem, das Hineinströ-
men von Sauerstoff in
deine Lungen und die gei-
stige Klarheit des Intel-
lekts. Das Luft-Element
steht mit dem Wort-
Selbst in Verbindung, das
mit Worten und Ideen be-
gabt ist und die Fähigkeit

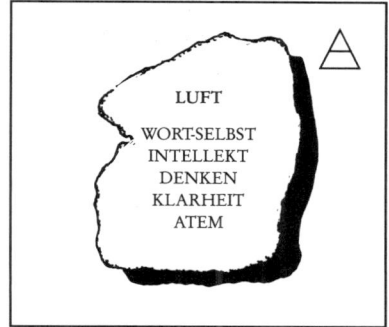

LUFT
WORT-SELBST
INTELLEKT
DENKEN
KLARHEIT
ATEM

besitzt, neue Vorstellungen auszudrücken und mit anderen
zu kommunizieren.

Das Wort-Selbst hat mit deiner Stellung in der Gesellschaft zu tun, mit deinem Bildungsstand und deiner Fähigkeit, deine persönlichen Bedürfnisse zu äußern. Luft
herrscht über Thaumaturgie (Magie), Ritual, Reise, Schreiben, musikalische Komposition und Gesang. Sie entspricht
sowohl den linearen und methodischen Denkprozessen als
auch der Intuition und ist das vorherrschende Element in
vielen Wissenschaftlern, Forschern, Mathematikern, Publi-
zisten und Systemanalytikern.

Das Wort-Selbst ist dein bewußtes Selbst im Wachzustand,
und zu seinen Eigenschaften gehören Humor und rasche
Auffassungsgabe. Luft ist der Bereich von Recht, Politik,
Unterhaltung und der Veränderung von Sozialstrukturen.

Die Arbeit mit Luft

Wähle für Luft einen Stein aus, der deinen Intellekt anregt und
deinem Denken Klarheit gibt. Verwende Räucherwerk wie Salbei zur Klärung des Geistes oder Jasmin zur Schärfung der Aufmerksamkeit und konzentriere dich auf die Kräfte von Luft.
Reinige deinen Stein in dem aufsteigenden Rauch.

Halte deinen Stein in der Hand, während du in der starken Energie eines windigen Tages spazierengehst. Atme ihn mit der Absicht an, ihn durch die Kraft deines Atems »aufzuladen«. Lege ihn vor dem Einschlafen einige Augenblicke auf die Stirn mit dem Gedanken, daß er deinen Träumen Klarheit schenken wird. Schreibe deine Wahrnehmungen in dein Tagebuch, und achte genau auf Veränderungen in deinen Vorstellungen und Entscheidungen. Entdecke, wie das Luft-Element in deiner Psyche wirksam ist, und lerne neue Lektionen aus deinem Umgang damit.

Luftsteine

Einige Steine, die in sich das Element Luft konzentrieren, sind Herkimer-Diamanten, Rutilquarz, Chalcedon und Tigerauge.

Meine Gedanken zu Luft:

Geist (spirit)

Nimm wahr, wie Körper, Denken, Emotionen und Energie als Ganzes zusammenarbeiten. Die einzigartige Form ihrer Wechselwirkung findet ihre Entsprechung in dem Bereich deines Geistes. Dies ist teilweise die Summe aus deinen Erfahrungen, verbunden mit der subjektiven Beziehung, die du zu deiner Umwelt hast. Der Geiststein stellt jedoch auch deine tiefste Verbindung mit den schöpferischen Kräften des Universums dar.

Dein geistiges (spirituelles) Selbst hat keine materielle Form, manifestiert sich jedoch durch deinen physischen Körper und hat damit sowohl an der Welt der Menschen als auch an der Welt der Geistwesen teil. Es steht in Verbindung mit den unsichtbaren, verborgenen Geheimnissen und Mysterien der Welt und entspricht der Schwingungsresonanz deines wahren integrierten Selbst.

Die Arbeit mit Geist

Stelle dir dich selbst als ein strahlendes Wesen vor, das in sich das Licht des Kosmos aufgenommen hat, und werde dir deiner Handlungen, Gedanken, Gefühle und Wahrnehmungen bewußter.

Wähle für Geist einen Stein aus, der die Synthese deines wahren Selbst verkörpert – das, was du einmal sein wirst. Meditiere über dein inneres Zentrum und finde in deiner Vorstellung ein Symbol, das dieses Zentrum versinnbildlicht: eine Muschelschale, ein Stein, eine Blume, ein Spinnennetz – was auch immer du als dein eigenes Symbol erfährst. Projiziere dieses Symbol auf den Stein, um die Resonanzschwingung deines Geistes darin zu erwecken.

Verwende einen Kristall, um Licht auf deinen Geiststein zu lenken – die Lichtbrechungen des Kristalls werden deinen Stein in die Farben des Spektrums einhüllen. Der Geiststein verkörpert das vollständige Spektrum: das integrierte Selbst von strahlender Schönheit.

Halte den Geiststein vor dem Einschlafen über jedes deiner Energiezentren, das heißt, die Chakras (Genitalien, Bauch, Solarplexus, Herz, Kehle, Stirn und Scheitelpunkt des Kopfes), und lege ihn dann, während du schläfst und träumst, unter dein Kissen. Schreibe beim Aufwachen deine Träume in dein Tagebuch, denn diese sind die Stimme deines Geistes, der zu deinem tieferen Selbst spricht.

Geiststeine

Einige Steine, welche die Ausstrahlung deines Geistes in sich konzentrieren, sind Opale, Herkimer-Diamanten, Regenbogenkristalle, Isländischer Doppelspat, silbrig schimmernder Obsidian und jeder andere Stein, dessen Schwingung deinem Empfinden nach in Resonanz mit deinen höchsten Idealen ist. Besonders bei diesem Stein ist die Wahl sehr persönlich.

Meine Gedanken zu Geist:

Die energetische Aufladung des Stein-Pentagramms

Nimm eine Schale mit fruchtbarer Erde und fünf Kerzen. Wahrscheinlich sind kleine, schlanke Votivkerzen dafür am besten; wähle geeignete Farben, die in Beziehung zu den fünf Elementarsteinen stehen. Suche einen ruhigen Zeitpunkt und einen Ort aus, an dem du nicht gestört wirst.

Atme tief und gleichmäßig ein und zentriere deine Energien. Verbinde durch die Konzentration auf ihre Eigenschaften die Energie der Steine miteinander, während du diese der Reihe nach auf das Muster auslegst. Benenne jeden Stein nacheinander, wobei du die Schlüsselassoziationen und Eigenschaften aufzählst, die du bei dem Stein empfindest. Entzünde eine Votivkerze neben dem Stein und laß diese brennen, während du auf die Eigenschaften der Steine und ihre Beziehungen zu den anderen Steinen innerhalb des Energiemusters meditierst. Diese Kerzen können dann gelöscht und an einem besonderen Platz aufbewahrt werden, bis du den Wunsch verspürst, einem Stein durch die Kerze, die seiner Schwingung entspricht, weitere Energie zu geben. Schreibe oder ritze den Namen des jeweiligen Steins in die Kerze ein. Das unten abgebildete Mandala zeigt das Energiemuster auf, wie du die TraumSteine auslegen solltest.

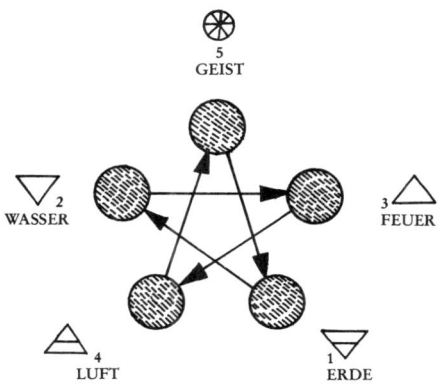

Mandala: Das Stein-Pentagramm

Schlüsselassoziationen

Die Schlüsselworte für jedes Element sind jeweils am Anfang des betreffenen Abschnitts aufgeführt. In der folgenden Tabelle werden die vier Elemente und Geist zusammen mit ihren Schlüsselassoziationen übersichtlich dargestellt.

ERDE	WASSER	FEUER	LUFT	GEIST
Land-Selbst	Meer-Selbst	Feuer-Selbst	Wort-Selbst	Höheres Selbst
Körper	Gefühle	Wille	Intellekt	Ausstrahlung
Das Praktische	Emotionen	Sexualität	Denken	Integration
Gleichgewicht	Beziehungen	Kreativität	Klarheit	Synthese
Knochen	Flüssigkeiten	Energie	Atem	Seele

Kapitel 9

DER STEINWURF

Du hast nun deine Elementarsteine ausgewählt, aufgeladen und damit gearbeitet, und du weißt jetzt, wie sich in ihnen Aspekte des Selbst verkörpern. Wenn du die fünf Steine wirfst, aus denen das Stein-Pentagramm besteht, wirst du erkennen können, auf welche Weise sich die Elementarenergien miteinander verbinden, um Beziehungen in deinem Leben herzustellen.

Es gibt ein paar wichtige Dinge zu beachten, wenn du die Steine wirfst, wovon die richtige Geistesverfassung wahrscheinlich das allerwichtigste ist. Sammle dich, schiebe unwesentliche Belange zur Seite, ruhe körperlich und emotional in deiner Mitte – alles dies ist notwendig, damit du dazu in der Lage bist, die Stimme des Orakels deutlich zu hören. Die folgende Liste zur Überprüfung sollte dir dabei helfen:

- Bist du hungrig, durstig oder übermüdet?
- Fühlst du dich entspannt? Munter? Wach und bewußt?
- Möchtest du wirklich eine Antwort auf deine Frage bekommen?
- Ist dieser Zeitpunkt passend, um die Steine zu werfen?

Die äußere Vorbereitung

Ziehe dich für deinen ersten Steinwurf an einen ruhigen, abgeschlossenen Ort zurück, wo du dich bequem auf den Boden setzen kannst. Schließe die Augen und mache einige tiefe Atemzüge, so daß du spürst, wie sich deine Lungen mit Energie füllen. Lege deine Hände auf den Bauch, einige Zentimeter unterhalb des Nabels, und fühle die Wärme, die von dieser Stelle ausstrahlt. Dein Energiezentrum, der Ort deines Gleichgewichts, liegt ungefähr drei Fingerbreit unterhalb deines Nabels und ebenso tief im Innern deines Körpers.

Achte darauf, wie sich deine Energie sammelt und sich von deinem Zentrum weg und zu diesem hin bewegt. Presse deine Zunge gegen die oberen Zähne und atme langsam und gleichmäßig durch die Nase. Spüre, wie sich damit deine Gefühle von Stärke und Gleichgewicht intensivieren. Spüre, wie die Energie deinen Körper durchströmt und dabei Zonen von Spannung und Unbehagen öffnet sowie deine Emotionen und Gedanken beruhigt.

Die energetische Aufladung der Steine

Stelle dir selbst die Frage, was deine »gebende« Hand ist (die Hand, mit der du Energie in die Welt aussendest) und was deine »empfangende« Hand (mit der du Energien annimmst). Vielleicht hilft es dir dabei zu wissen, daß viele Okkultisten, esoterische Heiler und Wahrsager auf der Grundlage arbeiten, daß die linke Seite des Körpers negativ (empfangend) und die rechte Seite positiv (gebend) ist. Das ist jedoch keine unumstößliche Regel: Wenn offenkundig das Gegenteil bei dir der Fall ist, dann solltest du dich dieser Selbsterkenntnis anschließen.

Lege die Steine in deine »empfangende« Hand, wenn du dich darauf vorbereitest, Energie und eine Frage an die Steine auszusenden. Konzentriere deine Aufmerksamkeit auf dein Zentrum, mache drei tiefe Atemzüge und laß Energie in dich einströmen. Sende diese Energie in deine »empfangende« Hand und in die Steine. Stelle dir dabei vor, daß die Steine für die Frage sensibilisiert werden, die du gleich stellst, und frage: »Welcher Bereich meines Geistes braucht heute meine Aufmerksamkeit?«

Laß die Steine in deine »gebende« Hand gleiten und stelle dir dabei vor, daß die Antwort formuliert wird. Mache wieder drei tiefe Atemzüge und sende die Energie von deinem Zentrum zu deiner »gebenden« Hand, wobei du den Steinen Kraft überträgst.

Laß die Steine, langsam und konzentriert, von Hand zu Hand gleiten und stelle dir dabei eine Verbindung zwischen dem »Empfangen« der Frage und dem »Geben« der Antwort vor. Visualisiere eine Linie aus blauem Feuer, die einen Kreis von deinem Zentrum zu deinen Händen und dann zu den Steinen beschreibt.

Der Wurf

Wenn du das Gefühl hast, daß die Steine vor Energie »summen« oder »vibrieren«, und wenn du bereit und in dir selbst zentriert bist, denn wirf die Steine auf den Boden oder auf ein dafür eigens hergestelltes Orakeltuch, wobei du mit deinen hohlen Händen eine schwungvolle Bewegung ausführst.

Dann wirst du vielleicht die Augen schließen und die Steine solange mit den Händen bewegen wollen, bis du mit ihrer Plazierung zufrieden bist. Öffne deine Augen und bereite dich darauf vor, die Energiemuster und die Beziehungen zu deuten, die von den Steinen gebildet werden.

Die Deutung

Mache wieder drei tiefe Atemzüge und betrachte ruhig die Steine, wobei du besonders auf ihre verschiedenen Positionen achtest. Im nächsten Kapitel werde ich näher ausführen, wie der Fall der Steine aufgezeichnet und gedeutet wird, daher möchte ich hier nicht auf Details eingehen. Eine ruhige und nachdenkliche Geistesverfassung, wach und bewußt, aber entspannt, die nicht angestrengt nach Informationen sucht, ist derjenige Bewußtseinszustand, den du auf dieser Stufe des Steinwurfs anstreben solltest. Mit mehr Übung wird es dir gelingen, diesen Zustand immer dann in dir auszulösen, wenn du das Steinorakel wirfst.

Das Verschließen des Energiemusters

Der Steinwurf ist ein kleines Ritual, das formell abgeschlossen werden sollte, um die darin enthaltene Energie zu erden. Andernfalls könntest du dich dabei ertappen, wie du mehr oder weniger ratlos zufällige Muster interpretierst, was deine Beurteilung der Realität beeinträchtigen wird. Ein Zuviel an sensorischer Information kann sich schädlich auf dein persönliches Gleichgewicht auswirken. Dies kann eine gute Sache sein, wenn du tiefe Einblicke in die Natur haben willst, doch allzusehr ablenken, wenn du am selben Tag noch irgend etwas anderes vorhast.

Nimm die TraumSteine in deine hohlen Hände. Lege die Hände aneinander und führe sie zu deinem Mund. Hole tief Luft und spüre beim Einatmen, wie der Atem deinem Körper Energie gibt und sich Kraft in deinem Zentrum sammelt. Stelle dir beim Ausatmen vor, wie ein Energiestrom von deinem Zentrum zu deiner Kehle aufsteigt und dann zu einer Stelle hinter deinen Augen. Nimm wahr, wie sich die Vergegenwärtigung deiner Deutung dort konzentriert. Blase, wenn du ausatmest, deinen Atem durch den Mund auf die Steine, und stelle dir vor, daß sie dadurch gereinigt und neu aufgeladen werden. Wiederhole dies dreimal.

Bewahre deine Steine sorgfältig in ihrem eigenen Säckchen oder Beutel auf und beziehe die Erkenntnis aus deiner Frage in deinen weiteren Tagesablauf ein. Arbeite mit demjenigen Bereich deines Geistes, der in einen Dialog mit dir treten wollte, und lerne erkennen, wie dein Innerstes Wesen durch die Divination mit dir kommuniziert.

Wenn du deine Steine sorgfältig weggeräumt hast, wasche deine Hände in kaltem Wasser und schlage sie ein paarmal zusammen oder reibe sie kräftig aneinander. Steh auf, strecke dich und schaffe dir Bewegung. Mache etwas Praktisches, das dich erdet, wie die Zubereitung einer Tasse Tee oder einer Mahlzeit.

Wenn du mit dem Stein-Pentagramm gearbeitet und Vertrauen zu den Deutungen der Energiemuster in deinem eigenen Leben hast, kannst du zum einen damit beginnen, mit
dem nächsten Satz von Steinen zu arbeiten und deine eigenen Übungen zu entwerfen, und zum anderen auch damit
anfangen, das Orakel für deine Freunde zu befragen. Wenn
das TraumStein-Pentagramm einmal sein Gleichgewicht gefunden hat, wird es die Grundlage für weitere Deutungen
sein.

Kapitel 10

DIE DEUTUNG DES ORAKELS

Bei der Befragung des Orakels öffnest du dein Bewußtsein den Energiemustern des Universums und findest die Deutung dafür in deinen persönlichen Erfahrungen und dem Wissen, das du aus deiner Arbeit mit Kombinationen von Steinen gewinnst.

Du kannst die Steine entweder für dich selbst werfen und interpretieren oder für einen anderen, der eine Frage hat. Diese Situation erfordert ein recht unterschiedliches Vorgehen bei der Deutung. Bei der Divination, die du für dich selbst ausführst, ist das Hauptziel die Selbstanalyse: Du ziehst die Energiemuster der Steine heran, um zu entdecken, welche Elemente in deinem Leben sich nicht im Gleichgewicht befinden, und du unternimmst geeignete Schritte, um diese Aspekte wieder in Harmonie zu bringen. Bei der Divination für einen anderen Menschen hast du die Verantwortung, als Stimme des Orakels zu fungieren und dem Betreffenden eine andere Perspektive für sein Leben aufzuzeigen, damit er Veränderungen treffen und/oder Entscheidungen angehen kann.

Die Deutung für sich selbst – Ein Stein-Tagebuch

Die Deutungen, die im weiteren Verlauf dieses Kapitels als Beispiel gegeben werden, beschreiben Schritt für Schritt eine persönliche Erfahrung mit dem Steinwurf. Die Reihenfolge für die Aufzeichnung deiner eigenen Erfahrungen ermöglicht dir zunächst eine flüchtige Deutung auf den ersten Blick und führt dich dann zu vielschichtigeren Deutungen mit mehr als den drei Steinen aus dem Anfangsstadium der Divination oder den fünf Steinen des Stein-Pentagramms.

Die Deutung für eine andere Person

Der Geiststein kann sinnbildlich für eine andere Person stehen. Nimm den Geiststein in deine »empfangende« Hand und konzentriere dich auf deine eigenen Gefühle, Gedanken und Vorstellungen über jene Person. Wenn der Betreffende anwesend ist, kann er selbst die Steine in seinen hohlen Händen halten und sie mit seinem Atem anhauchen. Damit lenkt er vorübergehend seine Energie in sie hinein, die du später wieder entfernen kannst, indem du den Steinen deine eigene Energie einhauchst.

Vielleicht magst du jedoch kein gutes Gefühl dabei haben, wenn jemand anders deine Steine berührt. Höre, wenn dies der Fall ist, auf deine innere Stimme, die dir bei der Entscheidung hilft, wie du vorgehst. Im allgemeinen heißt das, daß du die Steine für die Deutung selbst energetisch aufladen solltest, wie oben angegeben.

Halte dich an die übliche Methode des Steinwurfs und stelle die Frage: »Was geschieht in diesem Augenblick im Leben von X . . .?« oder »Auf welchen geistigen Bereich sollte X . . . heute besonders achten?« Gehe dann mit der Deutung genauso vor, als wenn du die Steine für dich selbst geworfen hättest. Ein Hinweis zur Beachtung: Sei geistig offen für den Sinn des Steinwurfs, was eine andere Person betrifft, da ihre Prioritäten im Leben nicht unbedingt mit deinen übereinstimmen müssen. Wenn du die Divination für andere ausübst, hast du die verantwortungsvolle Rolle eines Vertrauten, Ratgebers oder Mitwissers. Deine Verantwortung besteht darin, zuhören zu können, eine sorgfältige und verständliche Auslegung des Orakels zu geben und dem Fragesteller dabei zu helfen, die Prioritäten und Entscheidungen in seinem Energiefeld klar und deutlich wahrzunehmen. Es ist jedoch *nicht* deine Aufgabe, an seiner Stelle Entscheidungen zu treffen, dein eigenes Gefühl einzubringen, wie er sich richtig verhalten sollte, oder ein Urteil darüber abzugeben. Deine Verantwortung bei der Divination liegt darin, anderen Menschen die großen Energiemuster ihres Lebens ins Bewußtsein zu bringen, doch ein Urteil darüber ist ihre persönliche Sache.

Richtlinien für die Deutung

Einige grundlegende Richtlinien bei der Deutung des Orakels für eine andere Person lassen sich wie folgt zusammenfassen:

– Gib keine Beurteilungen ab.
– Höre aufmerksam zu (mit deinen sämtlichen Sinnen!)
– Deute taktvoll und mit Verantwortungsgefühl.
– Sei positiv und – wenn notwendig – auch unterhaltsam.
– Hebe positive Aspekte des Steinwurfs besonders hervor und gehe an die schwierigen Aspekte mit deiner inneren Einsicht heran.
– Bewahre Verschwiegenheit.

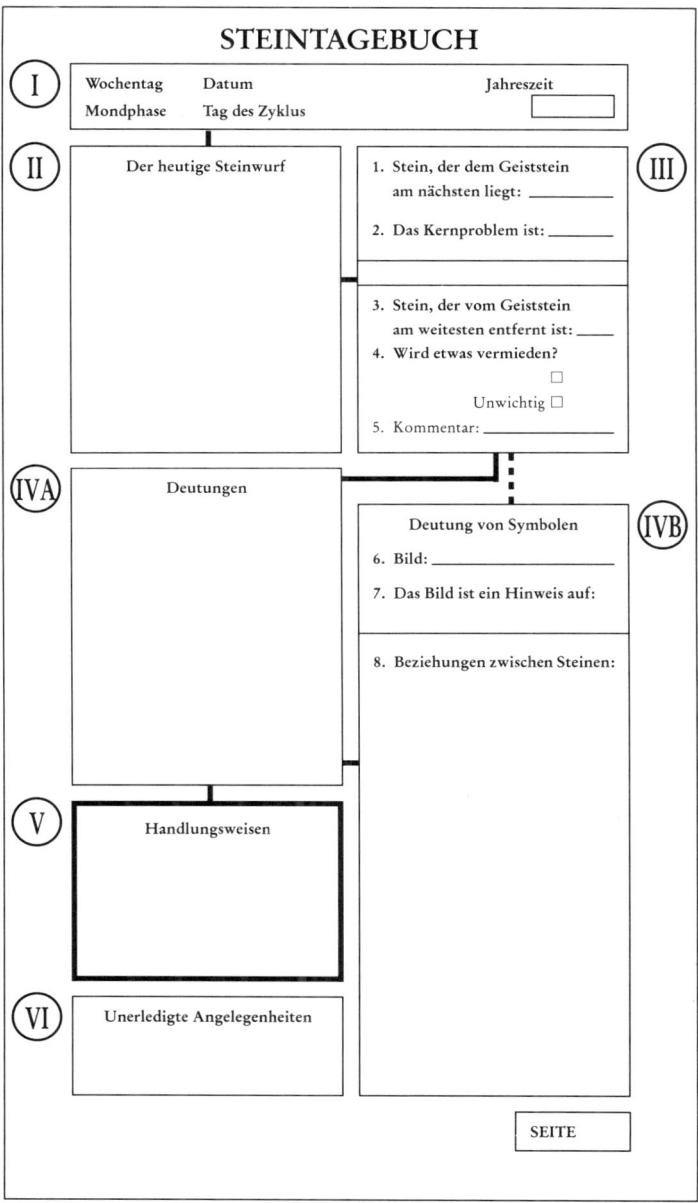

STEINTAGEBUCH

I

Wochentag   Datum   Jahreszeit

Mondphase   Tag des Zyklus

II — Der heutige Steinwurf

III

1. Stein, der dem Geiststein am nächsten liegt: _____

2. Das Kernproblem ist: _____

3. Stein, der vom Geiststein am weitesten entfernt ist: _____

4. Wird etwas vermieden?
   ☐
   Unwichtig ☐

5. Kommentar: _____

IVA — Deutungen

IVB

Deutung von Symbolen

6. Bild: _____

7. Das Bild ist ein Hinweis auf:

8. Beziehungen zwischen Steinen:

V — Handlungsweisen

VI — Unerledigte Angelegenheiten

SEITE

85

Das Steintagebuch

Auf den folgenden Seiten werden Schritt für Schritt Richtlinien gegeben, wie ein Tagebuch zu führen ist, das die Würfe mit den TraumSteinen aufzeichnet.

ⓘ Datum und Zeitpunkt der Deutung

Wenn du Buch führst über den Wochentag, das Datum, die Jahreszeit und die Mondphase, ermöglicht dir dies, einen Überblick über deine Aufzeichnungen zu bekommen und Energiemuster zu erkennen. Du kannst dir beispielsweise die Frage beantworten, ob sich dein psychisches Gleichgewicht nach der Mondphase, dem Wochentag oder der Jahreszeit verändert. Wenn Frauen auch den Tag ihres Menstruationszyklus eintragen, werden sie zusätzliche Einblicke in ihre Sensibilität bekommen. Männer können ihre Empfänglichkeit nach den Mondphasen einschätzen. Wenn sie mit einer sensiblen Frau zusammenleben, kann auch deren Zyklus auf sie Einfluß nehmen.

ⓘⓘ Der heutige Steinwurf

Zeichne eine schematische Darstellung des Steinmusters auf, das du geworfen hast. Darauf wirst du im Laufe des Tages zurückgreifen und Aspekte der Steine überprüfen können, die deine Deutung bestätigen.

ⓘⓘⓘ Informationen

Dieser Abschnitt (*siehe* die folgenden Punkte 1-5) enthält die Mindestinformationen, die du für die Deutung der TraumSteine benötigst.

1. *Stein, der dem Geiststein am nächsten liegt*
Dies ist die offenkundige Antwort auf deine Frage, denn dieser Stein ist in die Nachbarschaft deines Geiststeins gefallen. Trage ihn an der betreffenden Stelle ein.

2. *Das Kernproblem*

Frage dich selbst, was dieser Stein für dich bedeutet. Er zeigt an, welcher Bereich deines Geistes an diesem Tag deine Aufmerksamkeit braucht. Dies ist das Kernproblem.

Liegen zwei Steine in gleicher Nähe zu dem Geiststein? Dann benötigen diese beiden Bereiche deine Beachtung. Die Steine in der größten Nähe zu Geist sind zu diesem Zeitpunkt die wichtigsten Brennpunkte in deinem Leben.

3. *Stein, der vom Geiststein am weitesten entfernt ist*

Trage diesen Stein, der am weitesten von Geist entfernt liegt, an der betreffenden Stelle ein.

4. *Zeigt er Vermeidung oder etwas Unwichtiges an?*

Betrachte die Bedeutung für diesen Stein. Hat er mit einem Problem zu tun, das du vermeiden möchtest? Oder ist er im Augenblick einfach nur nicht wichtig für dich? Er kann einen Teil deines Selbst oder einen Teil deiner Umgebung darstellen, mit dem du dich ganz wohl fühlst und der deshalb keine Entsprechung in einem aktuellen Problem hat.

5. *Kommentar*

Dieser Raum ist für weitere Kommentare über den letzten Punkt (4) vorgesehen, damit du mehr über diesen Stein sagen kannst, der am weitesten entfernt liegt und entweder etwas bedeutet, was du vermeiden möchtest, oder etwas Unwesentliches.

 Deutungen

Hier schreibst du deine Deutung (Handlungsablauf) des Steinwurfs hinein. Was bedeuten das Kernproblem und die es umgebenden Elemente für dich?

 Deutung von Bildsymbolen

Die Bilder, die du im Steinwurf wahrnimmst, können oft er-

87

heiternd oder unrealistisch sein. Dieser Abschnitt (*siehe* die folgenden Punkte 6-8) konzentriert sich auf die Symbolbilder, beispielsweise Vögel, Fische, Bäume usw., die du im Steinwurf erkennst, und auf was sie hinweisen. Zusätzlicher Raum steht dafür zur Verfügung, die Beziehungen zwischen denjenigen Steinen einzutragen, die sich nicht in direkter Nachbarschaft mit dem Geiststein befinden. Diese spielen eine sehr wichtige Rolle bei der weiter in die Tiefe gehenden Deutung.

6. *Bild*
Was ist dein erster Eindruck von dem Wurf? Bilden die Steine ein besonderes Muster? Sind sie in der Form eines Bogens gefallen? Kreisförmig? Als eine gerade Linie? Sieht das Muster aus wie ein Vogel, ein Fisch, ein Insekt oder ein anderes Tier, oder woran erinnert es dich? Schreibe diesen Eindruck in dein Tagebuch, bevor du mit der Deutung fortfährst.

7. *Das Bild ist ein Hinweis auf ...*
Was sagt dieses Bild über dein Leben zum jetzigen Zeitpunkt aus? Wenn es zum Beispiel wie ein Vogel aussieht, bedeutet dies, daß du frei von Zwängen bist – oder daß du dir mehr Freiheit wünschst – oder daß du eine Reise planst? Entwickle das Bild weiter, damit du nähere Einzelheiten über das Energiemuster erhältst und was es im Augenblick für dich bedeutet.

Formen, die sich nicht identifizieren lassen, stellen abstrakte Begriffe dar. Gerade Linien bezeichnen Spannungen, die positiv oder negativ sein können; Kurven stellen fließende Energie und mühelosen Umgang mit den Ereignissen dar; kreisförmige Muster zeigen harmonische Aspekte in deinem Leben an; und weit verstreute Steine deuten auf Abweichung und vielleicht einen Mangel an Zusammenhalt hin. Quadrate bezeichnen im allgemeinen Entscheidungen, die getroffen werden müssen, und dreieckige Formen den Abschluß von Projekten. Ich habe festgestellt, daß Spiralen Energie anzeigen und daß ihre nach innen oder nach außen gerichtete Bewegung dir mitteilen kann, ob deine Energie zunimmt oder abnimmt, das heißt, sich in der Welt verbraucht oder ruhig im Innern des Selbst wirksam ist.

Wenn der Steinwurf wie ein Vogel oder ein anderes Tier aussieht, sind die Eigenschaften dieses Geschöpfes zum Zeitpunkt des Steinwurfs in deinem Leben gegenwärtig. Beispielsweise kann ein Pferd Freiheit anzeigen oder den Wunsch danach, Reisen, Unbeständigkeit und die Fähigkeit, auf den Winden der Veränderung zu reiten. Führe darüber Buch, damit du siehst, wie sich die Energiemuster in deinem Leben fortwährend verändern.

Wenn keine bestimmte Form erkennbar ist, so ist auch dies von Bedeutung. Es kann heißen, daß du dich an einer Wegkreuzung befindest, wo kein klares Muster existiert, bis du eine Entscheidung getroffen hast, welchen Weg du einschlagen wirst. Es kann auch Unschlüssigkeit und Verwirrung oder eine Pause zwischen Geschehnissen bedeuten, wo noch kein Handeln möglich ist. Dieses Nicht-Handeln wird durch das Energiemuster angezeigt. – Du mußt daher der Position der Steine und ihrer Beziehungen untereinander vertrauen, die dir mitteilen, welche Einflüsse zu diesem Zeitpunkt wirksam sind.

8. *Beziehungen zwischen den Steinen*
Beziehungen zwischen zwei Steinen zeigen entweder eine Zweiteilung oder miteinander verbundene Fragen an; drei Steine bedeuten konstruktive Kreativität, vier Steine Festigung und kooperative Bemühung, obwohl sich dies auch als Hartnäckigkeit zeigen kann; fünf Steine sind eine Herausforderung, etwas Neues oder eine Reise; und sechs Steine sind ein Hinweis auf vorsichtige Planung und Genauigkeit und zeigen manchmal einen Mangel an Spontaneität.

 Handlungsweise

Im Anschluß an die Deutung werden dir bestimmte Handlungsweisen offenstehen: Sie reichen von der Möglichkeit, den Rat des Orakels zu ignorieren, bis hin zu praktischen Schritten, die du unternimmst, um die angezeigte Problemstellung zu lösen oder einen bestimmten Aspekt deiner Persönlichkeit ins Gleichgewicht zu bringen.

 Unerledigte Angelegenheiten

Dieser Raum ist für solche Dinge gedacht, wo du die Absicht hattest, etwas zu unternehmen, die du jedoch noch nicht gelöst hast. Dazu gehören auch alle ungelösten Probleme oder Geschehnisse vom Vortag.

Energiemuster in Steinen

Beim Wurf der TraumSteine entstehen Energiemuster, die dich an ähnliche Formen in der materiellen oder immateriellen Welt erinnern werden. Materielle Muster sehen wie Blätter, Bäume, Flüsse, Säugetiere, Vögel, Fische oder Insekten aus. Immaterielle Muster haben die Form von Linien, Kurven oder Steingruppen, die keine große Ähnlichkeit mit etwas aufweisen. Materielle Muster entlehnen ihre Bilder aus der Natur der Pflanzen- oder Tierwelt, die sich zu versinnbildlichen scheinen. So muß das Legemuster eines Flusses eine Quelle und eine Mündung haben, und die Steine werden in dieser Reihenfolge gedeutet. Ein Baum wird von den Wurzeln (der zugrundeliegenden Ursache) bis zu den Zweigen und Blättern (der Erscheinungsform in der Welt) gedeutet.

Bei der Interpretation des Stein-Pentagramms gibt es folgende Grundstrukturen und Deutungsmöglichkeiten:

Paare

Paare sind das erste, wonach du beim Wurf des Stein-Pentagramms schaust. Ermittle insbesondere den Stein in

Konjunktion mit dem Geiststein, da sich daraus der Brennpunkt dieses Wurfs ergibt.

Geist/Luft	= Ideen, Denkstrukturen, Kommunikation
Geist/Feuer	= Sexualität, Aktivität, Kreativität, Selbstbild
Geist/Wasser	= Emotionen, Gefühle, Beziehungsfähigkeit, Träume
Geist/Erde	= Heim, praktisches Tun, Geld, unmittelbare Umgebung

Trigone

Bei den folgenden Trigonalaspekten liegt der Stein, der direkt nach dem Geiststein angeführt wird, diesem am nächsten und stellt daher das Kernproblem eines Steinwurfs dar. Der dritte Stein in dem Trigon liefert wertvolle Zusatzinformationen über dieses Kernproblem.

Geist/Luft/Feuer	= Ideen/Kreativität neue und innovative Ideen, die das Selbstbild erweitern werden
Geist/Feuer/Luft	= Kreativität/Ideen Kreativität und Energie (Feuer) werden gelenkt (Luft); schöpferische Inspiration und neue Ausdrucksmöglichkeiten dafür; Verzögerungen
Geist/Luft/Wasser	= Ideen/Gefühle Gedankenklarheit in Verbindung mit gefühlsmäßiger Einsicht; Klarheit über die Natur deiner Beziehungen
Geist/Wasser/Luft	= Beziehungen müssen überdacht werden, damit eine klare Richtung ge-

funden werden kann; sich selbst in Frage stellen

Geist/Luft/Erde = Ideen/praktisches Tun
klare (Luft) finanzielle (Erde) Richtung; sorgfältiger Umgang mit Geld, dem häuslichen Leben, Ressourcen oder der Gesundheit; Vorsicht bei Entscheidungen

Geist/Erde/Luft = praktisches Tun/Luft
Neugestaltung des Hauses, Frühjahrsputz, Renovierung, Erledigung schriftlicher Arbeiten; auf Details achten; Klärung von rechtlichen Angelegenheiten

Geist/Feuer/Wasser = Sexualität/Gefühle
Sexualität in Beziehungen; schöpferische Träume; Argumente

Geist/Wasser/Feuer = Gefühle/Sexualität
Romantik, Liebe und Abenteuer; Träume schenken Inspiration für schöpferische Aktivität

Geist/Feuer/Erde = Kreativität/praktisches Tun
ein kreatives Projekt; ein Kind wird empfangen; kreative Handlungen mit einem dauerhaften Ergebnis

Geist/Erde/Feuer = praktisches Tun/Energie
praktisches Herangehen an Sexualität, Kreativität und verfügbare Energieressourcen; auf die Gesundheit und nervliche Anspannung achten

Geist/Wasser/Erde = Gefühle/Stabilität
Stabilität von Gefühlen und damit auch von Freundschaften; eine Be-

ziehung vertieft sich; ein Gefühl
von ruhigem Vertrauen und inne-
rem Gleichgewicht

Geist/Erde/Wasser = Stabilität/Gefühle
Heim und Gefühle; eine familiäre
Beziehung; ein Hauskauf; eine Verpflichtung gegenüber einer bestimmten Person; möglicherweise
festgefahren und humorlos in Beziehungen zu anderen.

Die folgenden Beispiele geben einen Hinweis auf den Informationsfluß beim Steinwurf für die Aufzeichnung und Deutung der Energiemuster. Die oben angeführten Paare und Trigone bilden Energiemuster im Steinwurf, die unterschiedlich aspektiert sein können, was von der Plazierung der anderen Steine abhängt. Das Gesamtmuster gibt dir Einblick in das Gleichgewicht der Kräfte an dem betreffenden Tag und hilft dir dabei, Elemente zu verändern, die Disharmonie verursachen können.

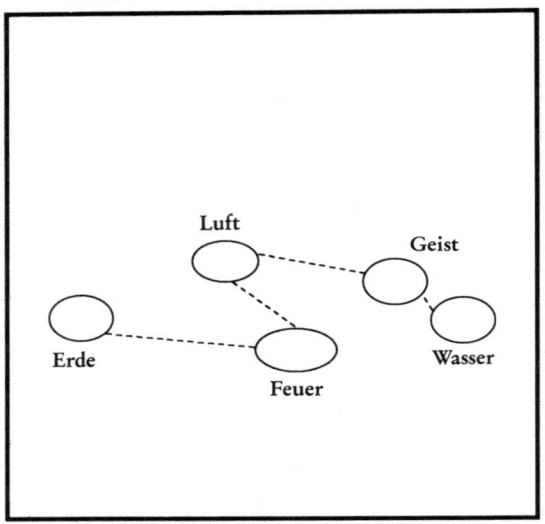

Der heutige Steinwurf I

Informationen

1. *Stein, der dem Geiststein am nächsten liegt*
Wasser
2. *Das Kernproblem ist:*
Emotionen, Gefühle, Beziehungen, Träume
3. *Stein, der vom Geiststein am weitesten entfernt ist*
Erde

94

4. *Wird hier etwas vermieden, oder ist es etwas Unwichtiges?*
5. *Kommentar:*
Auf diesen Punkt werden wir bei der Deutung zurück-
kommen.

Deutung von Bildsymbolen

6. *Bild:*
Horizontales Muster – Person in seitlicher Lage

7. *Das Bild ist ein Hinweis auf:*
Eine Zeit der Ruhe, oder das Bedürfnis danach, um die Aufmerksamkeit auf deine Emotionen zu lenken (als dem Kernproblem des Steinwurfs).

Deutungen

Emotionen und intuitive Eingebungen sind diejenigen Bereiche deines Geistes, denen du nun die meiste Beachtung
schenken mußt. Das Energiemuster der Person in seitlicher
Lage ist ein Hinweis darauf, daß es sich mehr um eine Zeit
der Besinnung als der Aktivität handelt, damit du dein Au-
genmerk darauf richtest, in welcher Beziehung du zu den
Menschen deiner Umgebung stehst. Es ist auch eine Zeit dafür, die Beziehung zu deinem inneren Selbst durch deine
Träume zu erforschen.
    Der nächstgelegene Stein ist der Feuerstein. Er weist auf
die Notwendigkeit hin, auf Energieebenen zu achten und,
wenn man ihn im Hinblick auf den Wasserstein sieht, sich
mit Sexualität und Energie innerhalb von Beziehungen zu
beschäftigen. Als nächstes ist der Luftstein zu betrachten,
der mit dem Geist- und dem Feuerstein ein dichtes Muster
bildet: ein mit der Spitze nach unten weisendes Dreieck, das
an das Symbol für Wasser erinnert und die Kraft der Emo-
tion unterstreicht. Ich würde die Bedeutung dieses Energiemusters so interpretieren, daß eine bestimmte Beziehung

von neuem erwogen wird (die Luft-Qualitäten, klar zu denken und Entscheidungen zu treffen), um zu sehen, ob eine kreative Freisetzung (Feuer) von blockierter Sexualität/Energie gefunden werden kann. Alternativ dazu könnte dies auch die Notwendigkeit bedeuten, daß du Zeit mit dir allein verbringst, um deine Kreativität wieder aufzuladen und die Aufmerksamkeit auf deine eigenen emotionalen Bedürfnisse zu lenken.

Der Erdstein ist am weitesten vom Geist entfernt. Das weist darauf hin, daß Anlegenheiten, die mit Finanzen, praktischen Vorkehrungen, Alltagshandlungen und Arbeit zu tun haben, derzeit nicht anliegen. Es kann auch ein Hinweis darauf sein, daß die emotionalen Probleme, die zum Zeitpunkt des Steinwurfs von größter Wichtigkeit sind, dich aus dem Gleichgewicht bringen und Druck auf deine Stabilität ausüben.

Handlungsweise

Es ist wichtig, persönliche Integrität und Gleichgewicht zu bewahren, während du deine Energie für die Selbstheilung einsetzt. Eine Überprüfung deiner Bedürfnisse innerhalb von Beziehungen wird zur Freisetzung von mehr Energie führen. Das wird wiederum deine Kreativität erhöhen und dir die Fähigkeit zu einer effektiven Kommunikation mit anderen geben. Eine Ruhepause wird den Sinn haben, daß du mit erneuerten Kräften in die Welt zurückkehren kannst.

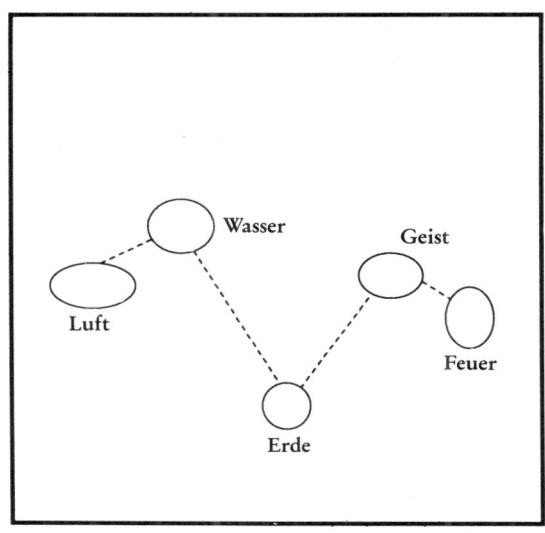

Der heutige Steinwurf II

Informationen

1. *Stein, der dem Geiststein am nächsten liegt*
Feuer

2. *Das Kernproblem ist:*
Sexualität, Aktivität, Kreativität, Selbstbild

3. *Stein, der vom Geiststein am weitesten entfernt ist*
Luft

4. *Wird hier etwas vermieden, oder ist es etwas Unwichtiges?*

5. *Kommentar:*
Könnte ein Mangel an Konzentration sein.

Deutung von Bildsymbolen

6. *Bild:*
Zufallsmuster – erinnert ein wenig an einen Vogel im Flug

97

7. Das Bild ist ein Hinweis auf:
Ruhelosigkeit und Unzufriedenheit mit der Umgebung.
Das Bedürfnis, sich von etwas zurückzuziehen oder sich auf
ein neues Abenteuer einzulassen.

Deutungen

Der Trigon von Geist/Feuer/Erde ist gewöhnlich ein Hinweis darauf, daß ein kreatives Projekt geplant wird; das Bild
des Vogels im Flug scheint jedoch einen Mangel an Konzentration oder das Fehlen eines Brennpunktes der Energie zu
verraten (Luft als der am weitesten von Geist entfernte Stein
würde dies bestätigen). Viele Ideen und eine außerordentlich große Menge an Energie sind vorhanden, doch diese
müssen sich auf einen einzigen Bereich richten, bevor sie irgendein praktisches Ergebnis herbeiführen werden. In deiner Umgebung werden sich chaotische Tendenzen zeigen
(Feuer in Verbindung mit Erde), und es besteht die Neigung,
aufgrund von Ungeduld keine Verantwortung für gefühls-
mäßige Situationen zu übernehmen. Deine Stimmung wird
für eine gewisse Zeit etwas unbeständig sein, bis du dich wieder gefestigter fühlst. Wenn dieses Energiemuster
(Geist/Feuer/Erde) durch ein aktives Bild (den Vogel) noch
zusätzlich hervorgehoben ist, so kann dies auch sexuelle
Frustration andeuten, die sich negativ auf dein Selbstbild
auswirkt.

Die Sinnlichkeit der Erde, verbunden mit der Sexualität
des Feuers und der nervösen Unrast, ein neues kreatives Be-
tätigungsfeld zu brauchen, kann dazu führen, nach einer
neuen Beziehung – oder mehr als nur einer einzigen – zu
suchen, um dieses starke Verlangen nach äußeren Reizen zu
befriedigen.

Der Luft- und der Wasserstein, die weiter entfernt liegen,
weisen darauf hin, daß rationale Entscheidungen über Beziehungen im Augenblick für dich nicht von Belang sind.

Versuche nicht, irgendwelche ernsthaften Gespräche »von Herz zu Herz« zu führen, da du wahrscheinlich streitsüchtig und eigensinnig sein wirst und eine Abneigung dagegen hast, den Standpunkt eines anderen wahrzunehmen. Ein Tag für Aktivität, Abenteuer und tüchtige körperliche Anstrengung.

Handlungsweise

Damit du dich wieder ruhiger und gefestigter fühlst, solltest du dich einen Tag (oder länger) von allen Verpflichtungen freimachen – du wirst ohnehin nicht viel erreichen, bevor du dich wieder konzentrieren kannst. Daher wirst du ein größeres Gefühl von Zufriedenheit mit dem Leben haben, wenn du etwas Unvorhergesehenes tust. Kreative Vorhaben im Umkreis des Hauses sind eine Möglichkeit, doch nur dann, wenn sie rasche Veränderungen für die Umgebung bedeuten, da du nicht die Geduld haben wirst, lange und komplizierte Unternehmungen in Angriff zu nehmen. Eine gute Zeit zum Verreisen, aber achte darauf, anderen gegenüber nicht ungeduldig zu werden. Suche die Gesellschaft von Menschen, die du anregend und herausfordernd findest, und bemühe dich, deinen Abenteurergeist mit etwas gesundem Menschenverstand zu mäßigen.

Teil III
Die Erforschung des Orakels

Kapitel 11

TRAUMSTEIN-KREISE

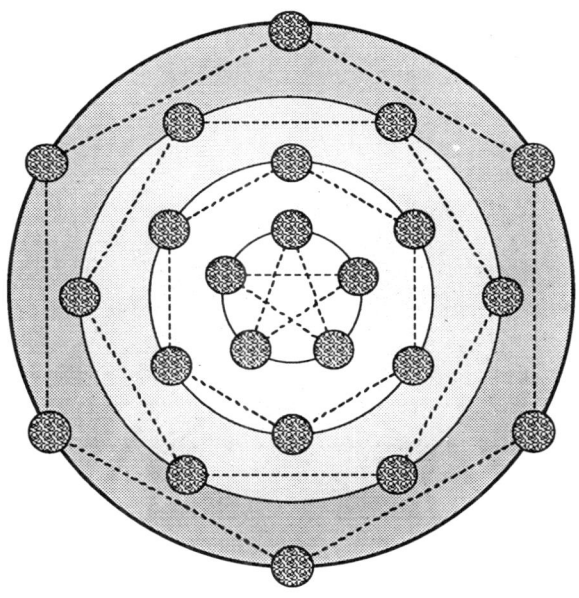

Die nächsten achtzehn Steine werden in Drei Ringen ange-
ordnet, in denen die zunehmende Tiefe einer magischen
Umwandlung Ausdruck findet. Wir beschäftigen uns der
Reihe nach mit jedem Ring und ergänzen die TraumSteine
mit jedem Satz in behutsamer Form. Wenn du sofort damit
anfangen wolltest, alle Steine gleichzeitig zu werfen, würdest
du dich nicht genügend auf die Beziehungen zwischen den
einzelnen Steinen oder auf diejenige Aspekte deiner Psyche konzentrieren, die mit denselben Energien schwingen.

Wir beginnen daher mit den Steinen für Ja, Nein und deine Frage und arbeiten weiter mit dem Stein-Pentagramm und fügen den Ersten, dann den Zweiten und Dritten Ring hinzu, bis der Satz vollständig ist. Behandle jeden Ring als eigenes Energiemuster und mache ihn erst dann zu einem Teil deiner Wurfsteine, wenn du mit den Energien von allen sechs Steinen in diesem Ring gearbeitet hast.

Der Erste Ring

Der Erste Ring besteht aus Steinen, die Lebenselemente darstellen, die mit dem Vorstellungsbild des Selbst am engsten verbunden sind. Wir erforschen das bewußte (die Sonne) und das unterbewußte (der Mond) Denken, die Fähigkeit, sich anderen mitzuteilen (Merkur) und zu anderen eine Beziehung einzugehen (Venus), sich mit der natürlichen Umgebung zu identifizieren und mit unserem Körper vertraut zu sein (Gaia), Sexualität und Macht zum Ausdruck zu bringen (Mars), ein harmonisches Leben zu führen und gleichzeitig nach Leistung zu streben.

Der Erste Ring hat mit dem Alltags-Selbst (Ich) zu tun, mit der Gesamtpersönlichkeit und dem individuell ausgewählten Umfeld. Dies ist wie der »Grundriß«, aus dem tieferes Verständnis hervorgeht, und bei diesen Bereichen fällt es uns am leichtesten, etwas zu verändern und sie unserem Leben anzugleichen. Wenn wir mit uns selbst im Einklang sind, uns mit unseren innersten Bedürfnissen identifizieren können, die Fähigkeit besitzen, anderen unsere Ideen mitzuteilen, einen gewissen Komfort und Kunst zu schätzen wissen, eine Beziehung zu unserer Umwelt haben und die Energie besitzen, unsere Pläne auszuführen, dann ist die Beschäftigung mit den Energiemustern im Leben möglich. Wenn sich irgendeiner dieser Bereiche nicht im Gleichgewicht befindet, dann müssen wir uns ihm vorrangig widmen und alle anderen Erwägungen beiseite tun, während wir uns mit den unmittelbaren persönlichen Bedürfnissen auseinandersetzen. Es ist wichtig, diese Bereiche in Verbindung mit dem Stein-Pentagramm zu verstehen, damit wir bei der Befragung des Orakels Spannungsaspekte in unserem Leben kompensieren können.

*Steine des **Ersten Ringes** sind Sonne, Mond, Merkur, Venus, Gaia und Mars.*

Der Zweite Ring

Der Zweite Ring versinnbildlicht die Kräfte der Ausdehnung (Jupiter) und Zusammenziehung (Saturn), die Dynamik von sozialen Systemen und Gesetzen, von denen die gesellschaftliche Interaktion abhängt. Dies hat zu tun mit Spannungen, die nach einer Lösung verlangen, mit den Schleiern der Illusion (Neptun) und Inspiration (Uranus) und der Transformation (Pluto) des Phönix, der sich aus dem Feuer des Geistes erhebt. In diesem Ring nähern wir uns den Fäden des Karma, die unsere Handlungen in ein universales Muster einweben und damit Strukturen für ein persönliches Gleichgewicht schaffen.

Im Zweiten Ring vertiefen wir unsere Verbindung mit den Energien, die sich mit unserer Psyche durchdringen und die in der Welt durch unsere Handlungen, unsere Gedanken und unsere Beziehung zu anderen Ausdruck finden. Unser Platz in der Gesellschaft wird ebenso untersucht wie die Formen der Disziplin und Einschränkung, die als Maßstab für die persönlichen moralischen Grundsätze dienen. Wir bewegen uns auf unserer Reise über das Persönliche hinaus in die Welt der überpersönlichen Energien, wofür wir die Wechselbeziehung mit anderen brauchen. Wir tun die ersten Schritte auf einen Dialog mit dem Höheren Selbst zu und beginnen mit der Fähigkeit zu arbeiten, Kraft für die innere Umwandlung und persönliches Gleichgewicht zu beanspruchen.

*Steine des **Zweiten Ringes** sind Jupiter, Saturn, Uranus, Neptun, Pluto und Karma.*

Der Dritte Ring

Der Dritte Ring besteht aus Steinen, die mit Energiearbeit zu tun haben. Dazu gehören sowohl unsere eigenen energetischen Handlungen, wie sie sich in der Welt zeigen, als auch die äußeren und vom Zufall bestimmten Kräfte, die ihren Einfluß auf unser Leben ausüben. Die Gezeiten unserer Vitalität und persönlichen Energie (Leben) sind verknüpft mit der Kraft zu emotionaler Verbindung (Liebe) und lassen Strukturmuster entstehen, die über individuelles Bewußtsein hinausgehen. Die Kraft der Energie (Magie), die sowohl diszipliniert als auch wild sein kann, ist wie ein Tor, das wir erschaffen, um dem Göttlichen näherzukommen, und die polarisierten Kräfte von Göttin und Gott sind tief in unserem Innern wirksam, um Wachstum und Veränderung herbeizuführen. Der letzte Stein in diesem Ring hat mit Zufall zu tun: Er kann Glück, frei fließende Energie, unbegrenzte Möglichkeiten oder unsichere Gelegenheiten versinnbildlichen.

Unsere Reise führt uns tiefer in das Selbst und über das Selbst hinaus in den Makrokosmos, und dabei halten wir das Gleichgewicht zwischen innerer und äußerer Welt aufrecht. Der Dritte Ring berührt unsere tiefsten Verbindungen mit der Lebenskraft, dem Zyklus der Jahreszeiten, den kosmischen Energiemustern, die seit Jahrtausenden als die äußere Manifestation von Gottheit, Schicksal und Bestimmung gedeutet worden sind. Das Orakel spricht mit der größten Klarheit zu uns, wenn wir mit den Lektionen des Dritten Ringes gearbeitet und sie verstanden haben.

*Steine des **Dritten Ringes** sind Leben, Liebe, Magie, Göttin, Gott und Zufall.*

TraumStein-Mandalas

Bei den Drei Ringen findet sich am Ende jedes Abschnitts ein Mandala, das aus der geometrischen Plazierung der Steine aus konzentrischen Kraftringen geschaffen wird. Das Symbol im Zentrum ist das Stein-Pentagramm, das für die grundlegendsten menschlichen Bedürfnisse steht. Von dort strahlen die Drei Ringe nach außen; sie stellen die komplexeren Strukturen dar, die aus diesem zentralen Sammelpunkt von Energien hervorgehen. Wenn du dich auf deiner Reise durch das Mandala weiter nach außen bewegst, wirst du dir tieferer und vielschichtigerer Einflüsse bewußter, die deine persönliche Realität gestalten.

Der Erste Ring

Die Sonne

Stelle dir selbst die Frage, wer du bist und wie du deine Individualität definierst. Die Sonne steht für das Bewußte Selbst, deine Vitalität, Stärke und spirituelle Ausrichtung. In der Mythologie wird die Sonne mit machtvollen Gottheiten

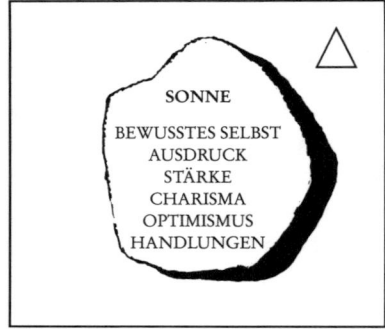

assoziiert, die in allen Kulturen verehrt werden, ob sie nun durch den Nomaden oder Jäger-Sammler, durch Ackerbau oder Technologie geprägt sind. Die Teilung in Tag und Nacht äußert sich häufig in einer Trennung von Gut und Böse, wobei das Tageslicht der Bereich des hellen Sonnengottes ist.

Die Sonne steht in Verbindung mit Erntefeiern und Festlichkeiten, mit Tanz, Musik, Kinderspiel und ritueller Verehrung des Lebens. Die Sonne ist das Göttliche Kind, das immer wieder zur Wintersonnwende neu geboren wird, und dieses Kind ist Teil von uns als Kinder der Gottheit. Das Bewußte Selbst ist magnetisch, anziehend und seiner Natur nach freigiebig. Es verkörpert deinen Selbstausdruck und deinen Charakter, wie er sich nach außen darstellt. Es ist wach, lebendig, dem Licht zugewendet und offen für die Möglichkeiten von Drama, Anregung und schöpferischem Sein.

Das Bewußte Selbst ist aktiv, intelligent und weiß, wer du sein möchtest und welchen Eindruck du auf andere machen willst, mit denen du in Kontakt kommst. Die Position dieses Steins bei einer Orakeldeutung zeigt an, wie du dich selbst zum Ausdruck bringst und welche Beziehung du zu deiner Umwelt eingehst.

*Die Schlüsselworte für die Sonne sind **Ausdruck** und **Stärke.***

Sonnensteine

Steine, durch die sich die Energie der Sonne verstärkt, sind Zitrin, Chrysolith, Katzenauge, gelber Topas, Rutilquarz und Bernstein.

Meine Gedanken zu Sonne:

Der Mond

Stelle dir selbst die Frage, woher du kommst und welches Verhältnis zu deinen Vorfahren, deinem persönlichen Hintergrund und deinen Erinnerungen du hast. Der Mond steht für das Unbewußte Selbst, deine Gefühle und Sinneseindrücke, deine Bezie-

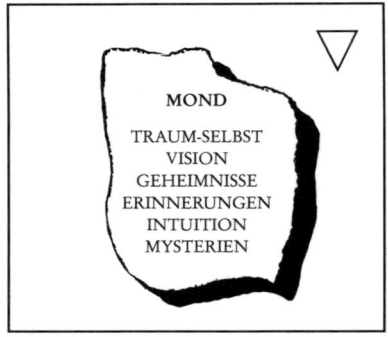

MOND

TRAUM-SELBST
VISION
GEHEIMNISSE
ERINNERUNGEN
INTUITION
MYSTERIEN

hung zu inneren Geheimnissen und intuitivem Wissen. Das Mond-Selbst ist unsere verborgene, unsere geheime und schweigende Natur, die sich flüsternd aus unseren Träumen meldet und unsere innere Führerin ist.

In der Mythologie erscheinen die Mondgottheiten als gefährlich und rätselhaft. Sie herrschen über die Nacht, Fabeltiere, Träume, Liebschaften und die Kräfte der Divination. Sie verändern ihr Aussehen mit den wechselnden Gesichtern des Mondes und haben Einfluß auf die Gezeiten des Meeres und der menschlichen Liebe.

Das Traum-Selbst wird gleichgesetzt mit den lunaren Mythen von der Jungfrau, der Mutter und der alten Frau, die mit den Gezeiten des Mondes zunehmen und abnehmen. Es wird auch gleichgesetzt mit ihrem Geliebten, dem nächtlichen Jäger und ursprünglichen Schatten – mit jenen Aspekten der Nacht der Seele also, die eine Widerspiegelung unseres Selbst im Wachzustand ist. Der Mond schenkt uns die Fähigkeit, solchen Menschen zu begegnen, die sich mit unserem Geist verwandt fühlen, und sie in ihrem wahren Selbst zu erkennen.

Die Position dieses Steins bei einer Orakeldeutung zeigt an, was du für die Geschehnisse und Menschen deiner Umgebung empfindest und wie deutlich du auf deine Intuition hörst.

Die Schlüsselworte für den Mond sind **Visionen** *und* **Geheimnisse.**

Mondsteine:

Steine, welche die intuitiven Kräfte des Mondes auf einen Brennpunkt konzentrieren, sind Mondstein, Perle, milchiger Achat, Amethyst und Aquamarin.

Meine Gedanken zu Mond:

Merkur

Denke an deine Fähig-
keit, Entscheidungen zu
treffen, ein Problem dar-
zustellen, die bestimmen-
den Einflüsse einer Situation zu definieren, etwas
klar und mit der beab-
sichtigten Wirkung zu
vermitteln. Diese Berei-
che werden von Merkur
beherrscht, deinem Denkenden Selbst.

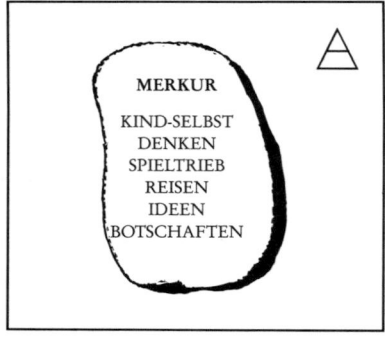

Weil dies eine sich rasch bewegende Energie und Merkur
ein sich rasch bewegender Planet ist, wird dieser Stein auch
mit Botschaften (himmlischen und weltlichen), Neuigkei-
ten und Humor assoziiert. Das Denkende Selbst ist rational
und scharfsinnig – Worte können, wie ein Schwert, bis
zum Kern einer Situation vorstoßen. Chirurgen, Magier,
Zauberkünstler und Wanderer gehören in den Bereich dieser Energie, und das gilt auch für Satiriker, Schriftsteller und
Geschäftsleute.

Die Neigung des Quecksilbers zu Worten, zu Musik und
Tanz kommt in deiner lebhaften, unbeständigen Natur zum
Ausdruck. Aus dem Denken geht das Kind-Selbst hervor: Es
ist ewig jung und stets dazu bereit, ein neues Spiel, eine neue
Idee oder Strategie zu erwägen. Hier ist der Unschuldige, der
Herold, der Götterbote, der den Menschen die Worte der
Gottheit übermittelt. Solche Mythen werden uns die Rolle
des Boten verstehen lassen, der die Botschaft weitergibt, aber
selbst nicht hervorbringt. In gleicher Weise sind die religiö-
sen und magischen Rituale ein Theater des Geistes: ein
Werkzeug für die Reise, ein Kommunikationsmittel, ein
Führer zu den Mysterien – aber nicht deren innere Essenz.
Der Eingeweihte muß jedoch die Fähigkeit besitzen, sein

Gleichgewicht zu bewahren und auf der Klinge des Lebens zu tanzen, um mit der Gottheit in Verbindung zu treten. Wir alle besitzen diese Fähigkeit und gleichzeitig damit auch die Gabe, zu erforschen, zu unterscheiden und unseren wahren eigenen Weg zu gehen.

Die Position dieses Steins wird dir sagen, ob du gute Entscheidungen triffst und ob du dazu in der Lage bist, deine Ideen anderen gegenüber deutlich zum Ausdruck zu bringen.

Die Schlüsselworte für Merkur sind **Denken** *und* **Kommunikation.**

Merkursteine

Merkursteine sind Bandachat, Peridot, Turmalin und Zirkon. Eine weitere Möglichkeit (die von mir bevorzugt wird) ist Goldenes Tigerauge oder gescheckte Steine.

Meine Gedanken zu Merkur:

Venus

Frage dich selbst, mit welcher Art von Beziehungen du dich am wohlsten fühlst. Wer sind deine Freunde? Was wünschst du dir von einem/einer Geliebten? Was macht dich am sinnlichsten, wann fühlst du dich am meisten verwöhnt und ge-

liebt? Der Venusstein herrscht über jede Art von Beziehungen und deine Fähigkeit, mit anderen innerhalb eines sozialen Rahmens zusammenzuarbeiten.

Es ist derjenige Teil deines Wesens, der gastfreundlich, in häuslichen Dingen kreativ und für Kunst, Harmonie und Schönheit empfänglich ist. Für das Gefährten-Selbst ist es lohnenswert, mit anderen zusammenzusein und durch Kunst, Festlichkeit und Freundschaft Harmonie zum Ausdruck zu bringen. Es ist verführerisch, überzeugend, verständnisvoll und einfühlsam. Eine schöpferische Aktivität deiner Wahl sollte mit der Weihung dieses Steins verbunden sein – malen, zeichnen, entwerfen, komponieren, kochen, dekorieren, Kleider nähen, Wein machen, eine harmonische Anordnung deiner persönlichen Besitztümer schaffen. Trage den Stein bei dir, damit du diese Energie der Kunst und persönlichen Harmonie in dich aufnimmst.

Venus in der römischen Mythologie (Aphrodite bei den Griechen) ist eine Göttin der Liebe. Sie ist die Kurtisane, die aus der Liebe eine Kunst macht, und die Diplomatin, die aus der Harmonie eine Kunst macht. Alle genußvollen Handlungen sind ihre Rituale, durch das Zelebrieren des Körpers ist sie das Tor zur Einweihung. Ihre Kunst läßt sich jedoch nicht auf bloße Sinnesbefriedigung reduzieren. Diese planetarische Energie ist mit dem positiven und harmonischen Ausdruck des Lebensprinzips verbunden – ein Kanal für den Vollzug der heiligen Liebe durch innere Ausgewogenheit und Liebe zur Schönheit. Venus hat zu tun mit Verführung und Sinnlichkeit, mit Geselligkeit, Freundschaft und Kreativität. Venus bringt die Kraft der sexuellen Energie ins Gleichgewicht, damit sie einen schöpferischen und harmonischen Ausdruck findet.

Die Position dieses Steins bei einer Orakeldeutung wird dir aufzeigen, wie gut du andere verstehst und auf welche Weise du für Vergnügen und Genuß in deinem Leben empfänglich bist.

Die Schlüsselworte für Venus sind **Kunst** *und* **Harmonie**.

Venussteine

Steine, die zur Harmonisierung der Energie von Venus beitragen, sind Malachit, Jade, Opal und Smaragd. Es wird jedoch jeder besondere Stein geeignet sein, der deinem ästhetischen Gefühl zusagt.

Meine Gedanken zu Venus:

Gaia

Gaia ist der Stein der Erdmutter, der Natur in ih-
rem Aspekt von Fülle
und Überfluß. Er kenn-
zeichnet unsere Verbin-
dung mit natürlichen
Zyklen, mit Heim, Ge-
sundheit und Umge-
bung. Dies ist der Stein,
der die Entsprechung zu

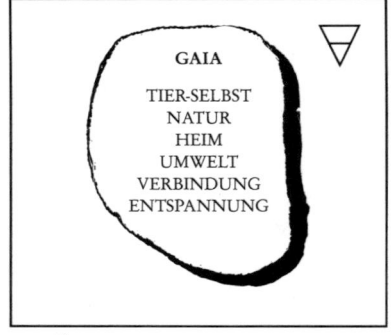

deinem Platz innerhalb des Ökosystems und zu deiner
Empfänglichkeit für planetarische Energien darstellt.

Wenn du dir deiner eigenen persönlichen Bedürfnisse und
der Aktivitäten bewußter wirst, bei denen du dich am wohlsten fühlst, dann wird die Energie der Erde durch dich zu
fließen beginnen und deinen Körper neu beleben. Deine Fähigkeit, eine tiefe Verbindung zu besonderen Orten und heiligen Stätten herzustellen, wird durch diesen Stein gelenkt.
Der Gaiastein hat zu tun mit ursprünglichen Beziehungen,
instinktivem Verhalten und dem Tier-Bewußtsein, das es
uns ermöglicht, das Netz des Lebens und unseren Platz darin zu spüren. Dies ist unser Tier-Selbst. Wir können Energien mit der Erde austauschen: durch Bäume und andere
Pflanzen, wenn wir Kohlendioxyd ausatmen und Sauerstoff
zurückbekommen; durch unseren Körper; durch magneti-
sche Ströme; durch die Arbeit mit den Knochen der Erdmutter, den TraumSteinen. Der Gaiastein läßt sich am leichtesten mit Energie aufladen, da er bereits die Energie des Planeten enthält, die er in sich gesammelt hat, während er noch im
Boden ruhte. Um eine Verbindung zu Gaia herzustellen, verei-
nigst du dein Tier-Selbst mit der Tiefe der Erde. Dies ist möglich, wenn wir unser Alltagsbewußtsein ausdehnen und mit der
Energie von Gaia in Berührung kommen.

Die Arbeit mit Gaia

Nimm deinen Gaiastein mit nach draußen, während du bar-
fuß durch Gras und über die Erde läufst. Stampfe fest auf den
Boden auf, zuerst mit dem einen und dann mit dem anderen
Fuß. Spüre, wie die Schwingung von der Erde in deinen Körper zurückkehrt und dann in den Stein, den du in der linken
Hand hältst. Gehe durch einen dichten Laubwald und spüre,
wie du von den Blättern gestreift wirst, während du ihren
kühlen, frischen Wohlgeruch tief einatmest. Brich ein ein-
zelnes Blatt ab und zerreibe es zwischen den Fingern deiner
rechten Hand; verreibe dann den Saft der Pflanze auf deinem Gaiastein. Setze dich unter einen Baum, lehne deinen
Rücken gegen den Stamm und spüre seine rauhe Maserung.
Lege, nach einigen Minuten, deinen Kopf gegen den Baum
und schließe die Augen. Denke über deine Beziehung zu deiner unmittelbaren Umwelt und zu dem größeren Netz des
Lebens nach, und spüre, wie die Energie aus dieser Verbindung in den Stein Eingang findet.

In der griechischen Mythologie ist Gaia eine Göttin –
doch besitzt sie nicht die Persönlichkeit und die menschlichen Gewohnheiten, die mit den meisten Gottheiten assoziiert werden. Ihre erste Darstellung ist die einer weiblichen
Figur, die eingegraben ist und erst von den Brüsten an auf-
wärts aus der Erde auftaucht. In den meisten Fällen wird sie
jedoch symbolisiert durch einen lokalen Berg, durch ein Ge-
treidefeld oder gepflügte Erde, durch die geheimnisvollen
Kräfte der Natur. Sie ist die wunderschöne, die freigebige
und gütige Erde und gleichzeitig auch die schreckliche
Macht der Naturgewalten und der Verheerung. Der Gaiastein besitzt ebenfalls diese beiden Seiten: In einem Steinwurf kann er große Harmonie und glückliche Umstände
anzeigen oder, umgekehrt, Entfremdung von der natürlichen Welt, was davon abhängt, wie er durch andere Steine
aspektiert ist.

In der Mythologie wurde die Schlange der Gaia in Delphi von Apoll überwunden. Das Orakel wurde daraufhin von seinen Priesterinnen gedeutet. Wir sollten uns jedoch ins Gedächtnis rufen, daß diese Stätte zuerst der Gaia geweiht war, und daß die Priesterinnen nach der Berührung mit Schlangengift das Orakel befragten. Der Name der Gottheit hat sich verändert, doch die Macht der Natur ist, durch die Verbindung mit dem Tier-Selbst, gleichgeblieben.

Der Gaiastein ist bei der Orakeldeutung ein Hinweis darauf, wie dein emotionales und physisches Gleichgewicht beschaffen ist und wie sich deine Verbindung mit natürlichen Rhythmen gestaltet.

Die Schlüsselworte für Gaia sind **Natur** *und* **Heim**.

Gaiasteine

Jeder Stein wird geeignet sein, der deinem Gefühl nach die Energie von Gaia symbolisiert. Ich habe herausgefunden, daß Fossilien, blau/goldener Achat, Obsidian und Opalmasse für diesen Zweck besonders anziehend auf mich wirken. Ohne Zweifel wirst du jedoch deine eigene Verkörperung für Gaia finden, die auf einer persönlichen Verbindung mit ihrer Energie beruht.

Meine Gedanken zu Gaia:

Mars

Mars ist der Stein für Energie, für rohe, ungezügelte Kraft, Leidenschaft, Sexualität und Kreativität. Spüre deine Vitalenergie und Gesundheit, die Stärke deiner Muskeln und den Anstieg des Adrenalins, alles, was dein Leben aufregend macht.

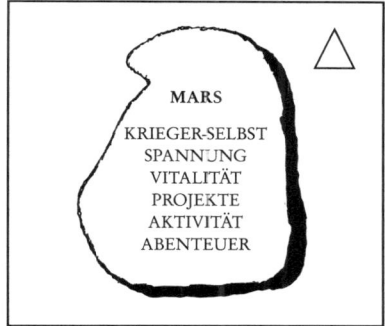

Mars ist der Planet von Kampf und Konflikt, und durch die Spannung dieser Energie bestimmen wir unsere eigene Persönlichkeit in Beziehung zu anderen. Seine »martialische« Stärke kann auf verschiedene Weise erfahren werden – durch Konflikt und Krieg, durch den Schutz von geliebten Menschen, durch das Streben nach Beherrschung der eigenen Kreativität, in Abenteuern und impulsivem Handeln, in Schöpfung oder Zerstörung. Sie ist ungeduldig und unmittelbar aktiv.

Das Krieger-Selbst will keine unnötigen Kämpfe führen, und seine Kraft liegt in der Fähigkeit, bestimmen zu können, wofür zu kämpfen sich lohnt und was am besten einer friedlichen Lösung zu einem anderen Zeitpunkt überlassen bleibt. Diese Energie ist von einer nervösen Unruhe und drängt zum Handeln. Dein Krieger-Selbst sucht neue Projekte in Angriff zu nehmen und muß seine Energie in der Welt freisetzen, damit es ein Gefühl von Leistung bekommt. Dieser Stein verlangt große körperliche Aktivität von dir, damit du ihn mit Energie aufladen kannst. Trage ihn in einem Lederbeutel um den Hals, während du Sport treibst, tanzst, Sex hast oder irgendein aufregendes Abenteuer erlebst. Wenn du den Standpunkt eines anderen in Frage stellst oder dich auf ein Streitgespräch einläßt, dann solltest du diese Energie auf deinen Marsstein übertragen.

119

Wenn du körperlich träge gewesen bist, ist nun die Zeit gekommen, aktiv zu werden und mit einem Übungsprogramm zu beginnen. Deine Vitalität wird sich beträchtlich erhöhen, wenn du dich einmal von der Spannung befreit hast, die zwischen deinen Schulterblättern und an anderen Stellen in deinem Körper eingeschlossen ist.

Der Marsstein bei einer Orakeldeutung zeigt an, wie du diese Energiequelle in deinem Alltagsleben einsetzt, und außerdem gibt er Hinweise auf deinen Gesundheitszustand, deine Vitalität und den Ausdruck deiner Sexualität.

Die Schlüsselworte für Mars sind **Spannung** *und* **Aktivität.**

Marssteine

Steine, die mit der Marsenergie schwingen, sind Blutstein, Rubin, Granat, Karneol und Tigerauge. Der Marsstein sollte eine hohe Energieschwingung haben, die dich anregt und aktiver fühlen läßt.

Meine Gedanken zu Mars:

Die energetische Aufladung des Ersten Ringes

Nun können die sechs Steine des Ersten Ringes dem Stein-Pentagramm hinzugefügt werden. Als Grundlage für die Verbindung dieser Energien kannst du das Ritual am Ende des Abschnitts über das *Stein-Pentagramm* verwenden.

Nimm eine Schale mit fruchtbarer Erde und sechs Kerzen. Wahrscheinlich sind kleine, schlanke Votivkerzen am besten geeignet; wähle diese in passenden Farben für die betreffenden Steine aus. Lege die Steine des Pentagramms auf das Muster, wobei du die Namen und Eigenschaften jedes Steins bekräftigst und durch mögliche Veränderungen ergänzt, die du während der Arbeit mit diesen Steinen vorgenommen hast. Spüre die starke Verbindung, die du nun zu den Steinen hast, und das Verständnis für die Wirksamkeit dieser Energien in deinem Leben.

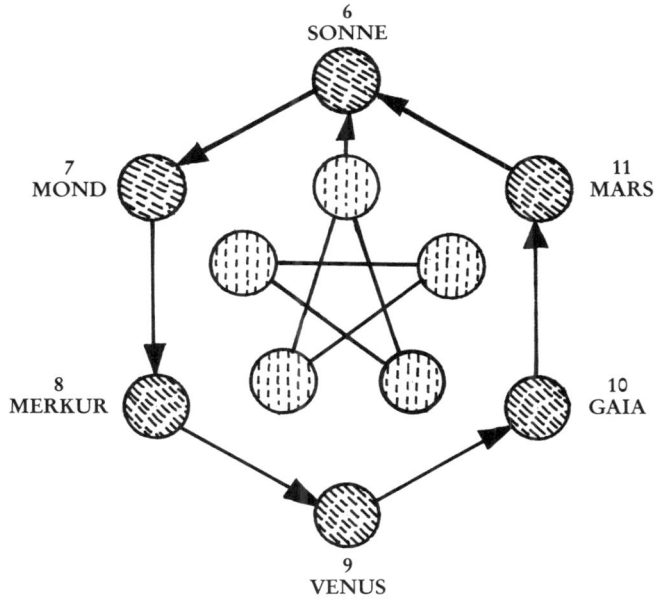

Mandala
Das Stein-Pentagramm und der Erste Ring

Atme tief und gleichmäßig ein und aus, sammle deine Energie und stelle eine starke Verbindung zu den Steinen des Ersten Ringes her, während du diese von Hand zu Hand gleiten läßt und ihre Schwingungen empfindest. Wähle nun der Reihe nach jeden Stein aus und lege ihn auf das Muster, wobei du deine gesamte Aufmerksamkeit auf die Eigenschaften des betreffenden Steins konzentrierst. Gebe jedem Stein des Ersten Ringes seinen Namen und entzünde die entsprechende Votivkerze. Bleibe ruhig sitzen, wenn du das Muster vervollständigt hast, und meditiere auf die Beziehungen zwischen den TraumSteinen. Das abgebildete Mandala zeigt, nach welchem Muster du die Steine plazieren solltest.

Schlüsselassoziationen

Die Schlüsselassoziationen für die Steine des Ersten Ringes sind jeweils am Anfang des betreffenden Abschnitts aufgeführt. Du wirst feststellen, daß einige der erwähnten Eigenschaften bereits in ähnlicher Form bei der Behandlung des Stein-Pentagramms zur Sprache gekommen sind. Ebenso taucht das Elementarsymbol in der rechten oberen Ecke bei der Zusammenstellung der Schlüsselworte auf, wodurch die Beziehung zu den Steinen des Pentagramms verdeutlicht wird. Die Kraft und der Selbstausdruck der Sonne verstärken den Feueraspekt, die Energie von Merkur entspricht einem bestimmten Luftaspekt, und der Mond spiegelt die Eigenschaften von Wasser wider.

Wenn wir ein tieferes Verständnis von dem Kräftegleichgewicht in unserem Leben bekommen, erfährt der Gegensatz von Licht und Dunkel, mit dem wir beim Wurf von Ja-, Nein- und Fragestein begonnen haben, eine Ausdehnung und verbindet sich mit den Grundelementen des Stein-Pentagramms, um sich dann zu den komplizierteren Anordnungen der Drei Ringe weiterzuentwickeln. Auf diese Art und Weise lassen die Ähnlichkeiten zwischen Steinen Energieformen entstehen. Jeder Planetenstein wird traditionell mit einer der Elementarenergien assoziiert. Beim Ersten Ring sieht diese Verbindung folgendermaßen aus:

Sonne – Feuer
Mond – Wasser
Merkur – Luft
Venus – Erde
Gaia – Erde
Mars – Erde

Diese Schlüsselassoziationen, die oft auch als »Korrespondenzen« bezeichnet werden, entsprechen Eigenschaften, welche die Bedeutung eines Symbols erweitern oder verstärken. Wenn sich Mars- und Feuerstein bei einem Steinwurf in Konjunktion befinden, das heißt, nur durch den Abstand eines Steins voneinander entfernt oder noch enger zusammen liegen, dann verdoppelt sich der Feueraspekt. Dies kann sehr große Rastlosigkeit, Ungeduld und eine Unfähigkeit anzeigen, deine Energien diszipliniert einzusetzen. Wenn sich Mond- und Wasserstein in Konjunktion befinden, läßt du dich vermutlich in emotionalen Angelegenheiten gehen und bist wahrscheinlich weinerlich, nostalgisch oder überempfindlich. Diese erweiterte Bedeutung wird großenteils von den benachbarten Steinen abhängen, die Aspekte für unterschiedliche Situationen schaffen.

Wenn die Mars/Feuer-Konjunktion beispielsweise einen engen Aspekt mit dem Erdstein bildet, so könnte dies auf eine Beherrschung des Feuers hinweisen, eine praktisch angewandte Disziplin, damit sie für schöpferische Projekte eingesetzt werden kann. Durch die Zusammenfassung der Schlüsselworte für jeden Stein kannst du eine Bedeutung aus den Energiemustern herauslesen. Für das obige Beispiel habe ich Mars/Spannung und Feuer/Energie verwendet. Wenn Erde/Sinn für das Praktische hinzukommt, kannst du annehmen, daß eine praktische Möglichkeit für die Nutzung dieser feurigen Energie gefunden werden kann. Du müßtest dann die anderen Steine im Umfeld dieser drei beachten, um zu sehen, wo diese Energie am besten eingesetzt werden könnte.

Der Erste Ring hat die folgenden Schlüsselassoziationen:

⊙ Sonne △	☽ Mond ▽	☿ Merkur △
Bewußtes Selbst	Traum-Selbst	Kind-Selbst
Ausdruck	Vision	Denken
Stärke	Geheimnisse	Spieltrieb
Charisma	Erinnerungen	Reisen
Optimismus	Intuition	Ideen
Handlungen	Mysterien	Botschaften
♀ Venus △ ▽	⊕ Gaia ▽	♂ Mars △
Gefährten / in-Selbst	Tier-Selbst	Krieger-Selbst
Kunst	Natur	Spannung
Harmonie	Heim	Vitalität
Romantik	Umwelt	Projekte
Diplomatie	Verbindung	Aktivität
Feier	Entspannung	Abenteuer

Beispiel für einen Steinwurf –
Pentagramm & Erster Ring

Im folgenden Steinwurf kannst du sehen, wo Konjunktionen auftreten. Das Kernproblem hat mit Feuer zu tun, was durch die Sonne in Konjunktion mit dem Feuerstein hervorgehoben wird. Ebenso in Konjunktion mit dem Geiststein befindet sich Luft, wiederum in Konjunktion mit Erde. Demnach muß auch dies im Hinblick auf den Kernpunkt des Steinwurfs berücksichtigt werden, woraus sich folgendes ergibt:

1. Geist & Feuer/Sexualität/Kreativität & Sonne/Ausdruck/Stärke
2. Geist & Luft/Intellekt/Klarheit & Erde/Körper/praktisches Tun/Gleichgewicht

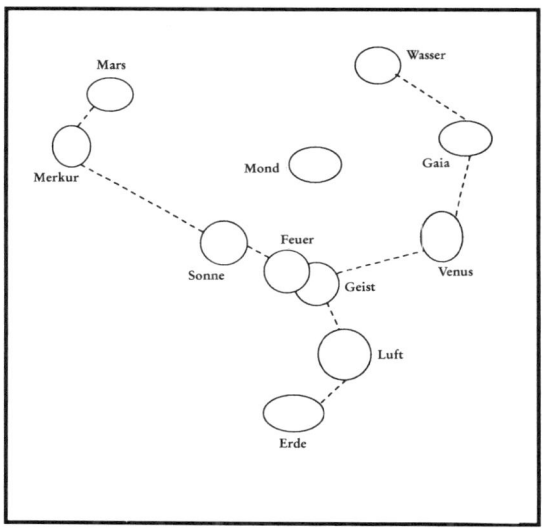

6. Bild:
Ein Skorpion oder ein tanzender Mensch

Diese Steine an sich (Sonne, Feuer, Geist, Luft, Erde) bilden einen nach links gewölbten Bogen, was auf einen inneren Weg hinweist. Die Energie wird sich daher vermutlich nach innen wenden und erzeugt sehr viel persönliche Kreativität (Feuer) durch positiven Ausdruck (Sonne) von Sexualität (Feuer) sowie ein klares (Luft) Verständnis für die Notwendigkeit, diese Energien im Gleichgewicht (Erde) zu halten, damit sie sich nicht über praktische Erwägungen hinwegsetzen. Da diese Konfiguration fünf Steine hat, ist eine kreative

Lösung von Spannungen angezeigt, wenn auch nicht ohne die nötige Vorsicht.

Andere Nebenaspekte sollten auf ähnliche Weise gedeutet werden, wobei du die Konjunktionen im Steinwurf und ihre Beziehung zu anderen Steinen genau beachten mußt.

Der Zweite Ring

Jupiter

Achte bei Jupiter auf Führung, Reichtum, Macht und Verantwortung. Er verkörpert im Menschen das erste Ausstrecken nach einer Verbindung mit dem Göttlichen und die Bereiche von Religion, Philosophie, Meditation und dem Höheren Geist. Jupiter ist

JUPITER

HELLES SELBST
AUSDEHNUNG
LEHREN
DRAMA
RITUAL
GESELLSCHAFT

das helle und lachende Selbst, das gesellig ist und sich in den verschiedensten sozialen Situationen wohlfühlt. Dieser Teil deines Selbst hat mit Lernen und Lehren, mit Gerechtigkeitssinn und angemessenem Verhalten zu tun. Dies ist auch ein Stein, der mit Glück in jeder erdenklichen Form assoziiert wird. Wenn er daher bei einer Deutung gut aspektiert ist, beispielsweise unmittelbar neben dem Zufallsstein liegt, wäre es eine gute Idee, im Lotto zu spielen.

Der expansive Charakter dieses Steins zeigt, welche Stellung du innerhalb eines sozialen Kontext hast. Dieser planetarische Einfluß wird mit Schauspielern, Politikern und Königen in Zusammenhang gebracht. Der ungewöhnliche Enthusiasmus, der für Jupiter typisch ist, verbindet diesen Stein mit Idealvorstellungen von persönlicher Freiheit und kann, in manchen Fällen, ein Hinweis auf sexuelle Promiskuität sein.

Auch die Fähigkeit, einen Lehrberuf auszuüben, wird durch diese Energie angezeigt. Da dies der erste Stein des Zweiten Ringes ist, beginnen wir hier damit, unsere Interaktion mit anderen zu vertiefen und Verantwortung für moralisches Handeln und für unsere persönliche Ehre zu übernehmen. Jupiter hat damit zu tun, über die Belange des Alltags hinauszugehen und Gelegenheiten zu ergreifen, an der Grenze zur Ungewißheit zu leben, wo sich neue und positive Dinge ereignen können. Überprüfe, wo du mit deiner sozialen Szene in Übereinstimmung bist und bemühe dich, deinen Freunden zu helfen. Erforsche deine eigenen Fähigkeiten, und gib dein Wissen und deine Energie großzügig an andere weiter. Konzentriere dich darauf, deinen Jupiterstein mit der positiven Energie, mit der du umgehst, aufzuladen, und sei offen für neue philosophische Richtungen und Verhaltensformen. Notiere Beobachtungen über die Veränderung deiner Perspektiven in deinem Tagebuch.

Die Schlüsselworte für Jupiter sind **Ausdehnung** *und* **Gesellschaft**.

Jupitersteine

Steine, welche die Möglichkeiten von Jupiter anziehen, sind Amazonit, Lapislazuli, Saphir, Türkis, Chrysolith, Malachit und Hyazinth.

Meine Gedanken zu Jupiter:

Saturn

Überprüfe sorgfältig die Begrenzungen und Einschränkungen in deinem Leben, seine äußere Struktur, organisierte Systeme und Formen der Disziplin (oder ihr Fehlen). Saturn ist das Dunkle Selbst, das deiner vollen Wahrnehmung verborgen bleibt,

SATURN

ÄLTERES SELBST
ZUSAMMENZIEHUNG
DISZIPLIN
ZURÜCKHALTUNG
AUTORITÄT
HERAUSFORDERUNG

bis du die Reife dazu hast. Es hat zu tun mit spiritueller Stärke, die in der Einsamkeit gefunden wird, und mit der Ausbildung deiner ethischen Prinzipien.

Die Energie von Saturn wird assoziiert mit Zeit, im abstrakten Sinn ebenso wie als zeitlicher Ablauf im menschlichen Leben, mit Reife, mit Alter und manchmal mit Senilität. Dieser Stein verlangt von dir, daß du selbstauferlegte Hindernisse überwindest, damit du deine gesamten potentiellen Möglichkeiten entfalten kannst. Saturn herrscht über Entscheidungen, wozu auch geschäftliche Angelegenheit jeglicher Art gehören. Saturnische Menschen sind ernsthaft und erfolgreich; sie lassen sich nicht leicht dazu bewegen, finanzielle Risiken einzugehen, und neigen dazu, eine Situation voll und ganz abzuwägen, ehe sie sich eine Meinung darüber bilden. Das Dunkle Selbst hat die Macht, zu leichtfertigen Plänen, übermäßigem Genuß und sorgloser Verschwendung nein zu sagen – besonders dann, wenn der Zeitpunkt für solche Unternehmungen nicht der richtige ist. Auf der physischen Ebene strebt Saturn nach der Festlegung physischer Grenzen, manchmal zum Schaden der Gesundheit und der verfügbaren Energie. Der Saturn-Aspekt deiner Persönlichkeit fordert solche Krisen (sei es in der Gesundheit, mit Autoritätspersonen oder philosophischen Ideen) jedoch heraus, und zwar wegen der Befreiung von Spannung, nachdem ein Hindernis überwunden ist, oder wegen der Lektion, die aus der Erfahrung gelernt wird, die Saturn mit sich bringt.

Bei einem Steinwurf versinnbildlicht Saturn beherrschte Energie, Selbstkontrolle und deine Beziehung zu Autoritäten, zu dem sozialen Establishment, der Regierung und verschiedenartigen Organisationen. Der Saturnstein wird anzeigen, welche Strukturen in deinem Leben am richtigen Platz sind und wie du die Begrenzungen in Frage stellen kannst, für die sie stehen. Bei einer Deutung verkörpert Saturn auch äußere einschränkende Kräfte, gewöhnlich ältere und weisere Menschen, die uns Kontrollen und Grenzen setzen, die unserem Leben eine Struktur geben, bis wir selbst die Reife besitzen, direkt mit Saturn zu arbeiten und seine Energie zu verstehen. Die Fähigkeit, mit den Begrenzungen des Lebens und nicht gegen sie zu arbeiten und aus Lernerfahrungen und Herausforderungen den größten Nutzen zu ziehen, steht mit Saturn in Verbindung. Es ist das ergänzende Gegenstück zu Jupiter und schafft ein Gleichgewicht zur Ausdehnungskraft von jener Energie.

Die Schlüsselworte für Saturn sind **Disziplin** *und* **Herausforderungen**.

Saturnsteine

Steine, die in sich die Kraft Saturns einschließen und beherrschen, sind Jett, Onyx, Obsidian, Spinell, Rubin, schwarzes Tigerauge, Hämatit und abgeschliffene Kohle.

Meine Gedanken zu Saturn:

Uranus

Die Energie von Uranus ist exzentrisch und wird durch sonderbares Verhalten oder ungewöhnliche Interessen gekennzeichnet. Rebellen, Aktivisten und unabhängige Denker werden stark von dieser Energie beeinflußt, und das gilt auch für Erfinder und Exzentriker jeder Prägung. Originalität und die Fähigkeit, intuitive Sprünge zu machen, umfassend zu denken, losgelöst von emotionalen Bindungen zu sein und abstrakten Vorstellungen nachzugehen, sind mit diesem Stein assoziierte Eigenschaften.

URANUS
UNBEWUSSTES SELBST
CHAMÄLEON
VERTIEFUNG
SPIEGEL
EINHEIT
VERÄNDERUNGEN

Dies ist die erste planetarische Energie, die nicht rein persönlich ist. Sie hat vielmehr mit dem kollektiven Bewußtsein und den Zwängen des kollektiven oder kommunalen Lebens zu tun. Uranus entspricht einer explosiven und ungebändigten Energie, die dich dazu treibt, dich mit deinen individuellen Fähigkeiten auseinanderzusetzen und Nutzen aus deinen schöpferischen Impulsen zu ziehen.

Globales Denken und das Bewußtsein der Spannbreite des kollektiven Denkens ist ein Aspekt dieses Steins. Seine exzentrische und häufig unvermittelt auftretende Energie bringt Ketzer, Rebellen und Reformer hervor, die sich dazu berufen fühlen, Veränderungen an der bestehenden sozialen Ordnung vorzunehmen. Gemeinsam mit der Inspiration dieses Steins geht jedoch die Fähigkeit einher, zugrundeliegende Rhythmen zu begreifen – im Denken, in der sozialen Identität, im Bereich der Metaphysik. Daher zeigt die Position dieses Steins bei einer Deutung potentielle Zerreißproben oder kreative Lösungen in deinem Leben an. Dieser

Stein wird in starkem Maße mit radikalen Veränderungen in bestehenden Denk- und Verhaltensstrukturen assoziiert, die sich oft auf eine gewaltsame oder ungestüme Art und Weise äußern. Er kündigt tiefgreifende Veränderungen innerhalb des Individuums und der Gesellschaft an und führt zu einem größeren Verständnis der Kräfte des Universums, besonders von solchen, die ihrer Art nach ursprünglich, erzeugend oder schöpferisch sind. Sein Grundprinzip ist die Einheit, das Sammeln der verstreuten Bruchstücke von zerborstenen Träumen, um ein neues Ganzes zu schaffen.

Die Schlüsselworte für Uranus sind **Vertiefung** *und* **Veränderung**.

Uranussteine

Dein Uranusstein sollte ein Stein mit einer besonderen Eigenart sein, zum Beispiel dem Einschluß eines anderen Minerals, einem kristallischen Glanz oder der Zeichnung in einer anderen Farbe. Damit wird der Blitz der Inspiration dargestellt, der von diesem Stein angezogen wird.

Meine Gedanken zu Uranus:

Neptun

Dein Neptunstein wird ein Stein sein, der ein Gefühl für mythische Realität, für Phantasie (im ursprünglichen Sinn), für Mystik und die Künste der Poeten und Barden (wieder-) erwachen läßt.

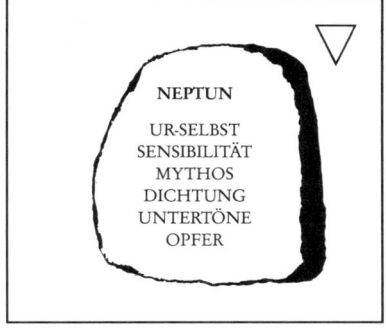

Neptun ist der Geschichtenerzähler und der Weber des Mythos, der von Ereignissen in dieser Welt ausgeht, sie durch seine Nacherzählung jedoch bedeutsamer macht. Neptun wird mit dem Urmeer assoziiert, der archetypischen Energie, die ein Aspekt des Ozeans ist. Dies ist der Bereich des kollektiven Unbewußten, jenem Meer aus Gedanken und Erinnerungen, das auch unser kollektives Träumen einschließt. Die Künste der Divination sind mit der Energie von Neptun aufs engste verbunden, da seine Schwingung mit der Realitätsebene des Orakels übereinstimmt. Dichter deuten Bilder aus diesem Bereich ebenso wie Wahrsager und Priester.

Von den Astrologen wird Tethys, die zu den Titanen gehört, mit dem Planeten Neptun assoziiert, denn vor der Zeit von Poseidon im griechisch-römischen Mythos wurden die Weltenmeere von Tethys beherrscht. Die Energie von Neptun erinnert uns daran, daß die Geschichte eine Form der Mythologie ist, wie sie von den Siegern nacherzählt wird, und daß es der Vision eines Dichters bedarf, um die Fabel von den Reisen unserer Urahnen zu deuten. Ein Dichter liest die Untertöne, die Bedeutung zwischen den Zeilen, um diejenigen Teile der Geschichte zu erkennen, die bei der Erzählung der fortlaufenden Handlung geopfert worden sind. Ebenso wird auch in der Divination der einem Orakelsystem zugrundeliegende Sinn gedeutet, um die persönliche Geschichte und den sich entwirrenden Handlungsfaden bei einem Individuum zu erkennen.

Neptun ist das Ur-Selbst, das instinktiv begreift, daß manchmal Opfer notwendig sind, damit sich Träume erfüllen, und daß diese Träume, selbst wenn das Individuun sie gewählt hat, dennoch schmerzlich sein können. Manchmal wird es sich dabei um die Entscheidung handeln, zu einem anderen Teil der Erde aufzubrechen und dabei geliebte Menschen zurückzulassen; zu anderen Zeiten ist es auch das Opfer des Geschichtenerzählers, der zum Wohle des Ganzen ein vielgeliebtes Stück seiner Geschichte wegläßt.

Beim Umgang mit Neptun ist es wichtig, ein Verständnis für die Kraft von Dichtung und Mythos zu bekommen. Lies einen Dichter deiner Wahl oder ein Märchen, eine Mythe, die mit deinen Vorfahren oder dem Land verknüpft ist, wo du jetzt lebst. Mache den bewußten Versuch, die Mythologie in der Geschichte zu erkennen und achte darauf, wie historische Erklärungen die Geschehnisse zurechtbiegen und damit die Art und Weise verändern, wie sie zu deuten sind.

Die Schlüsselworte für Neptun sind **Mythos** *und* **Sensibilität**.

Neptunsteine

Steine, welche die Sensibilität von Neptun wecken, sind Amethyst, Beryll, Aquamarin und Streifenachat.

Meine Gedanken zu Neptun:

Pluto

Pluto ist das Alte Frau-
Selbst, die Weberin in
den dunklen Bereichen
unserer Innenwelt. Die-
ser Teil des Selbst kennt
die Geheimnisse von Tod
und Wiedergeburt und
hält den Lebensfaden in
der Hand. Es geht dabei
um Bindungen: emotio-

nale, sexuelle, finanzielle und politische.

Suche in diesem Teil von dir selbst nach tieferen Verbindungen und Anhaftungen, nach gefühlsmäßiger Intensität,
nach der Erforschung von okkulten Mysterien, von metaphysischer Realität und Magie. Ein Teil der verborgenen Natur Plutos liegt in den Regenerationsprozessen, in der Funktion der Antikörper im Immun- und Abwehrsystem des
Körpers, und, wenn dieses System zusammenbricht, in der
Transformation von Tod und Wiedergeburt. Pluto nimmt
auch auf andere verborgene Kräfte im Leben Einfluß und
wird daher mit Propaganda und Machtkämpfen assoziiert
– beides Methoden, um Situationen und Menschen zu ma-
nipulieren.

Die plutonische Energie in einem Steinwurf kann sowohl
auf verborgene Kräfte als auch auf geteilte Ressourcen hinweisen, denn sie hat mit Gemeinschaft und Gesellschaft im
ganzen zu tun – mit Katastrophen, mit kollektiver Vision
und Handlung, sowohl im positiven als auch im negativen
Sinn. Auf einer persönlichen Ebene ist sie mit den tiefsten
Gefühlen, Ängsten und Möglichkeiten zur Bewußtwer-
dung verbunden, die der einzelne besitzt.

Das Alte Frau-Selbst, das von Pluto beherrscht wird, steht
in Zusammenhang mit Initiation, mit Transformation und

Regeneration aus katalytischer Erfahrung, der Konfrontation mit dem Sinn von Tod und Wiedergeburt. In den Mysterientraditionen grenzt der Einweihungsvorgang an die Auflösung der individuellen Psyche, damit die Umwandlung erfolgen kann, die durch Erkenntnis und die persönliche Verbindung mit der Gottheit herbeigeführt wird. Alle Initiationserfahrungen, ob sie sich nun in einem formalen oder formlosen Rahmen vollziehen, haben teil an der Natur Plutos, denn diese Erfahrung schafft eine Trennung zu deiner bisherigen Wahrnehmung von Realität: Das Alte Frau-Selbst führt die Klinge, die dich von dem Zustand der Unschuld vor der Erkenntnis von Wissen trennt. Dann können die verborgenen Reichtümer von Pluto erforscht werden.

Die Schlüsselworte für Pluto sind **sexuelle Bindungen** *und* **Initiation.**

Plutosteine

Steine, die mit derselben Resonanz wie die tiefen Verbindungen Plutos schwingen, sind Obsidian, schwarze Perle, Karfunkel, Schlangenstein (eine Art Achat) und Granat.

Meine Gedanken zu Pluto:

Karma

Achte beim Karmastein auf dein inneres Gleichgewicht, auf ein Gefühl für deine Stellung im Gesamtplan des Universums. Jede Handlung, die du in die Tat umsetzt, breitet sich in kleinen Wellen von dem betreffenden Ort aus und wirkt

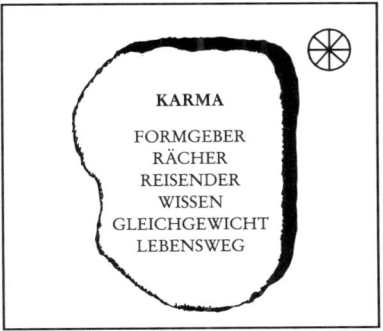

KARMA

FORMGEBER
RÄCHER
REISENDER
WISSEN
GLEICHGEWICHT
LEBENSWEG

auf Dinge an weit entfernten Stellen ein. In ähnlicher Weise bist du im Leben von den Wellen und Energieströmen der Entscheidungen anderer Menschen umgeben.

Karma ist dein inneres Harmonieprinzip, das danach strebt, bei allen Bemühungen das Beste zu erreichen, wozu du fähig bist, verantwortungsvoll zu handeln, da du weißt, daß deine Handlungen unsichtbare Wirkungen haben, und deinen wahren eigenen Lebensweg zu finden. Das Formgebende Selbst, jener Teil des Selbst, der Energiemuster erkennt und eigene schafft, und der Rächer, der die Macht hat, auf diese Muster einzuwirken und ihre Struktur zu verändern, gestalten sowohl auf vorsätzliche als auch unbewußte Weise und werden durch diesen Stein im Gleichgewicht gehalten. Karma hat mit Verpflichtungen und Schulden an Energie zu tun, die zwischen Menschen entstanden sind. Eine seiner Lektionen ist die ausgleichende Gerechtigkeit, die dann hergestellt werden kann, wenn du weder zu viel von dir selbst gibst und dadurch geschwächt bist noch so viel von anderen nimmst, daß du aus dem Gleichgewicht gerätst.

Die Schlüsselworte für Karma sind **Lebensweg** *und* **Gleichgewicht.**

Karmasteine

Steine, welche die Energie von Karma im Gleichgewicht halten, sollten irgendeine richtungsgebende Eigenschaft aufweisen. Mein eigener Karmastein ist beispielsweise ein fünfeckiger Lapislazuli, der bei einem Steinwurf in die Richtung des Lebensweges weist. Es kann sich dabei um jede Art von Stein handeln, dessen Schwingung deinem Empfinden nach mit deinem eigenen Gefühl für persönliches Gleichgewicht übereinstimmt. Einige Möglichkeiten hierfür sind Lapislazuli, Malachit, verschiedene Achate und Fossilien.

Meine Gedanken zu Karma:

Die energetische Aufladung des Zweiten Ringes

Wenn du nun den Ersten Ring energetisch aufladen und mit den Steinen des Pentagramms und des Ersten Ringes verbinden willst, nimmst du dafür eine Schale mit fruchtbarer, dunkler Erde und sechs neuen Votivkerzen. Markiere als erstes das Stein-Pentagramm auf dem Boden und lege voller Konzentration jeden der fünf Steine an seine Position. Nenne dabei, laut oder in Gedanken, den Namen jedes Steins und seine Eigenschaften. Stelle dir vor, wie sich eine Verbindungslinie zwischen den Steinen bildet.

Lege als nächsten Schritt die Steine des Ersten Ringes an ihre Position. Nenne wiederum ihren Namen und stelle dir die vielschichtigen Energieströme vor, welche diese Steine des Ersten Ringes mit dem Pentagramm verbinden.

Atme schließlich tief und gleichmäßig ein und aus und sammle deine Energien. Laß die Steine des Zweiten Ringes von Hand zu Hand gleiten, bis du das Gefühl hast, daß sie vor Energie aus deinem tiefsten Wesen summen oder vibrieren. Lege jeden Stein auf das nachstehend abgebildete Mandala und gib ihm seinen Namen mit Worten, die wie folgt lauten können:

Ich nenne diesen Stein . . . und beschwöre die Schwingungen und die Resonanz von . . . in die TraumSteine und in mein Leben.

Zünde nun eine Votivkerze an und stelle diese auf den Boden neben den betreffenden Stein, und gehe mit den anderen Steinen ebenso vor, bis du das Stein-Mandala vervollständigt hast. Meditiere auf die Eigenschaften jedes Steins. Schenke den Steinen deine Aufmerksamkeit, spüre, erkenne und verstehe das vielfältige Gewebe aus Energien, das sie in deinem Leben erschaffen. Laß die Kerzen solange brennen, bis du deine Meditation beendet hast. Hebe die Kerzen auf und markiere jede mit dem Namen desjenigen Stein, zu dem sie gehört. Du kannst die Kerze immer dann entzünden, wenn du es für notwendig hältst, diesen Stein mit neuer Energie aufzuladen.

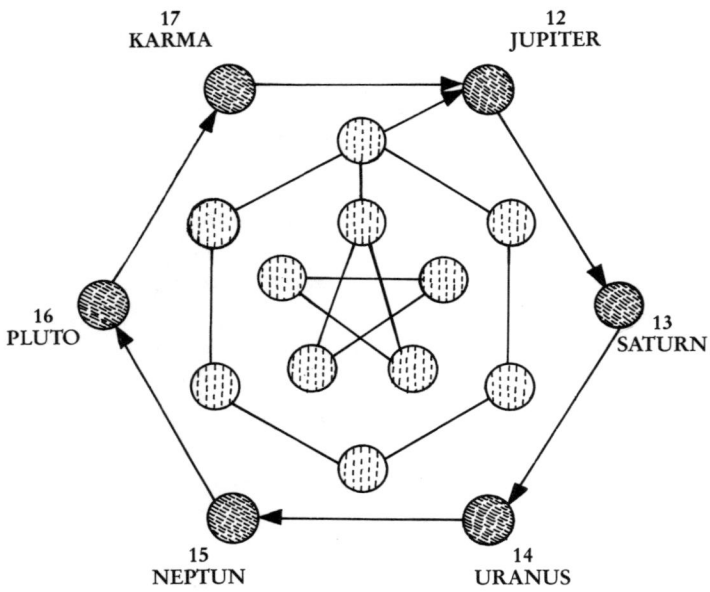

Mandala
Stein-Pentagramm / Erster & Zweiter Ring

Schlüsselassoziationen

Der Zweite Ring hat die folgenden Schlüsselassoziationen:

♃ Jupiter △	♄ Saturn ▽	♅ Uranus △
Helles Selbst	Älteres Selbst	Unbewußtes Selbst
Ausdehnung	Zusammenziehung	Chamäleon
Lehren	Disziplin	Vertiefung
Drama	Zurückhaltung	Spiegel
Ritual	Autorität	Einheit
Gesellschaft	Herausforderungen	Veränderungen

♆ Neptun ▽	☿⊕ Pluto △▽ ○	Karma ✳
Ur-Selbst	Alte Frau-Selbst	Formgeber
Sensiblität	Einweihung	Rächer
Mythos	Weber / in	Reisender
Dichtung	Sexuelle Bindungen	Wissen
Untertöne	Vermächtnis	Gleichgewicht
Opfer	Wiedergeburt	Lebensweg

Durch die Komplexität dieser Steine wird es dir möglich, das
TraumStein-Orakel mit weitaus mehr Einfühlungsvermögen zu deuten. Die Energie von Feuer (Energie) wurde im
Ersten Ring ausgedehnt, um sich mit der Energie von Sonne
(Selbstausdruck/Stärke) und Mars (Spannung/Aktivität) zu
verbinden. Im Zweiten Ring tauchen dann weitere Feinheiten auf mit Jupiter (Ausdehnung/Lehren), der sich auf die
sozialeren Aspekte des persönlichen Selbstausdrucks richtet
und auch auf das erste reife Ausstrecken nach dem Feuer der
Verbindung mit dem Göttlichen. In ähnlicher Weise wird
die Energie von Wasser (Gefühle) des Stein-Pentagramms im
Ersten Ring vertieft, um die Energie des Mondes (Visio-

141

nen/Geheimnisse) einzuschließen. Im Zweiten Ring erfährt dieses Prinzip mit den Steinen von Neptun (Traum/Mythos) und Pluto (Einweihung/Transformation) noch eine weitere Vertiefung. In vergleichbarer Weise zeigen sich auch die komplexeren Formen der Energien von Erde und Luft in den Steinen der Drei Ringe.

Die sich vergrößernde Anzahl von Steinen bedeutet auch eine stufenweise Zunahme von möglichen Deutungen, und hier wird sich deine Konzentration auf Energiemuster in Träumen, verstärkt durch die Praxis mit dem Stein-Pentagramm und dem Ersten Ring, als lohnenswert erweisen. Wenn du die Steine nach und nach hinzufügst, wirst du nicht durch ihre Komplexität abgeschreckt, weil du dir bereits die notwendigen Kenntnisse für die Deutung von Energiemustern erworben hast und dem Bewußtsein von deinen psychischen und intuitiven Fähigkeiten vertrauen kannst.

Der Dritte Ring

Einleitung

Die Kommentare zu den Steinen des Dritten Ringes unterscheiden sich von denjenigen des Ersten und Zweiten Ringes, da diese Bereiche deines Geistes ihrem Wesen nach über die Möglichkeit einer konkreten Beschreibung hinausgehen. Deine Realität ist nicht dieselbe wie meine, und ich sollte auch nicht den Versuch machen, allgemeingültige Aussagen über Dinge zu machen, die für dich sehr persönlich sind. Bei einem Steinwurf werden die Steine des Dritten Ringes, ob es sich nun um eine Deutung für dich selbst oder für eine andere Person handelt, im Zusammenhang mit einem Augenblick in der Zeit, und zwar in seiner ganzen Komplexität, gesehen. Beziehungen zwischen diesen Steinen untereinander und zu den Steinen des Pentagramms, des Ersten und Zweiten Rings erweitern ihre Bedeutung.

Bei der Diskussion des Lebenssteins betrachten wir beispielsweise die Beziehung zwischen Feuer und Erde (Energie und Körper) und die Plazierung des Marssteins (Vitalität, Spannung) und des Saturnsteins (Einschränkung, Mäßigung). Durch ihre Plazierung in einem Steinwurf kannst du einige Aussagen über Leben und Heilen machen und sehen, wie die Fähigkeit, den gesundheitlichen Zustand zu verändern, zu einem bestimmten Zeitpunkt verstärkt oder eingeschränkt ist.

Bei dem Stein für Gott und Göttin, die fast immer als Paar gedeutet werden, untersuchen wir, wohin sie in einem Steinwurf fallen, welche Steine in Konjunktion mit ihnen liegen, in welchen Energiemustern sie sich befinden und wie viele Steine zu diesen gehören sowie ihre Beziehung zu Sonne/Mond (Tag und Nacht) und Venus/Mars (die frühere Polarisierung von männlichen und weiblichen Energien im Menschen).

Leben

Der Lebensstein ist der
erste Stein des Dritten
Ringes und entspricht
deiner Fähigkeit, Verän-
derungen in der physi-
schen Welt durch die
Handhabung von Ener-
gien sichtbar werden zu
lassen. Dieser Stein hat
mit der Lebenskraft zu

LEBEN

HEILENDES SELBST
NÄHREN
SCHUTZ
FREIGEBIGKEIT
GESUNDHEIT
HELFEN

tun, mit der Bindung deines ätherischen und feinstofflichen
Körpers an die Hülle deines physischen Körpers. Deine Fähigkeit, durch Methoden der spirituellen Disziplin Heilung
in deinem Körper und Geist zu bewirken und mit deiner eigenen Lebenskraft zu arbeiten, um andere zu heilen, wird
von diesem Stein beherrscht. Er wird auch der Heilstein ge-
nannt, weil er mit unserer Vitalität und der Fähigkeit, uns
selbst und andere zu nähren, in Verbindung steht.

Der Umgang mit Leben erfordert, daß wir eine Verpflichtung gegenüber den Grundsätzen eingehen, für Gesundheit
und emotionales Wohlbefinden zu sorgen. Tue etwas Kon-
struktives und kümmere dich um einen Bekannten, wenn
du bewußt mit dieser Energie zu arbeiten beginnst. Es ist
leichter, für Freunde und Familienangehörige zu sorgen,
doch diese Energie entspricht mehr dem Aspekt des Venus-
steins. Der Lebensstein hat mit einer erweiterten Sichtweise
der Welt und der Fähigkeit zu tun, fürsorgliche Kontakte zu
Menschen herzustellen, die wir nicht gut kennen. Seine tieferen Aspekte machen diesen Stein zu einer Energie des
Dienstes an der Gemeinschaft, wobei es aber nicht um die
große Masse, sondern um individuelle Kontakte zwischen
Einzelnen geht. Bringe dein Lebensgefühl, deine Vitalität
und deinen Enthusiasmus durch Optimismus und Großzü-

gigkeit des Geistes in das Leben anderer Menschen ein. Du wirst tief in dir wissen, wie du diesen selbstlosen, positiven Teil deiner Persönlichkeit am besten zum Ausdruck bringst.

Die Schlüsselworte für Leben sind **Nähren** *und* **Heilen.**

Steine für Leben und Heilen

Steine, die traditionell mit Heilen in Verbindung stehen, sind Bergkristall, Jade, Karneol, Amethyst, Achat und ungewöhnliche glatte Steine vom Strand.

Meine Gedanken zum Lebensstein:

Liebe

Der Liebesstein hat mit Eigenliebe, deiner Beziehung zu deiner Mutter (aus der sich alle weiteren Beziehungen in deinem Leben entwickeln), mit deinem Ego und deinem Selbstbild als liebenswerter und liebender Mensch zu tun. Der Liebesstein

LIEBE
ZENTRIERTES SELBST
ECHO
GLEICHHEIT
IDENTITÄT
GEBEN
GEGENSEITIGE
ABHÄNGIGKEIT

steht in Verbindung mit deinen Selbstwertgefühl, das notwendig ist, bevor du mit anderen eine gleichberechtigte Beziehung eingehen kannst.

Dies ist eine tiefere Ausdrucksform von Beziehung wie jene, die du beim Wasserstein ergründet hast, und es handelt sich auch um eine subtilere und feinfühligere Energie als die von Venus, dem Gefährten/in-Selbst. Sie ist anders als die verbindende Intensität von Pluto und hat mit dem Streben nach Selbsterkenntnis und Identität als einer Basis zu tun, von wo aus du eine tiefe Beziehung zu anderen, in sich ruhenden Menschen hast. Gegenseitige Abhängigkeit ist ein Schlüsselwort für den Liebesstein: Er stellt die Gabe, den Gebenden und den Empfangenden dar sowie auch den Austausch von Rollen bei sich verändernden Umständen. Abhängigkeit und gegenseitige Abhängigkeit, der Wechsel vom Mutter-Selbst zum Kind-Selbst und wieder zurück, sorgen für die Pole von Erfahrung und Spannung, die für die Manifestation von beständigen Veränderungen im Leben des Individuums notwendig sind.

Seine Position im Steinwurf läßt erkennen, wie du mit anderen umgehst – wie ein Kind oder wie ein erwachsener Mensch, als ganzheitliche oder bruchstückhafte Person. Er ist ein Maßstab für persönliche Integrität, Selbsterkenntnis und die Fähigkeit, sich kritisieren zu lassen, Rat anzunehmen und das eigene Wissen, die persönlichen Erfahrungen und Fähigkeiten offen und uneingeschränkt an andere in engen Beziehungen weiterzugeben.

Die Schlüsselworte für Liebe sind **gegenseitige Abhängigkeit** *und* **Identität.**

Liebessteine

Steine, die traditionell mit Liebe assoziiert werden, sind Diamanten, Rubine, alle Edelsteine; Halbedelsteine werden jedoch genauso ihre Wirkung tun. Ich habe festgestellt, daß Rosenquarz, glatte Steine vom Strand und ungewöhnlich gezeichnete Achatstücke als Liebessteine besonders wirkungsvoll sind.

Meine Gedanken zu Liebe:

Magie

Der Magiestein versinn-
bildlicht deine Fähigkeit,
die komplexen Verknüp-
fungen mit Energien und
Kräften in deinem Leben
zu beeinflussen und sich
von diesen beeinflussen
zu lassen. Er betrifft die
Macht zu handeln und,
was noch wichtiger ist,

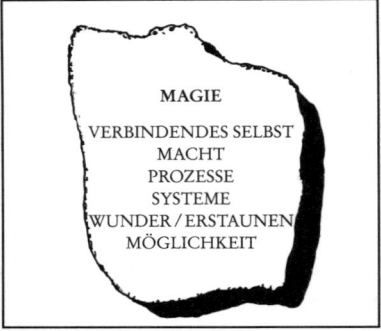

MAGIE
VERBINDENDES SELBST
MACHT
PROZESSE
SYSTEME
WUNDER / ERSTAUNEN
MÖGLICHKEIT

die Macht, dies zu unterlassen. Er hat mit System und wis-
senschaftlicher Methodik zu tun, enthält jedoch auch ein
Gefühl von kindlichem Staunen, daß die Welt ein derart
fremder und geheimnisvoller Ort ist.

Bei Magie handelt es sich nicht so sehr um eine Methode,
die Welt zu verändern, als daß sie zu vermeiden sucht, von
der Welt in etwas verändert zu werden, was man selbst nicht
ist. Sie ist Wunder, aber auch Beweglichkeit, das Erkennen
der eigenen Stellung in dem umfassenden Plan der Dinge
und auch das Wissen darum, daß alles, was geschieht, im Einklang mit bestimmten Gesetzen ist (selbst wenn wir nicht
verstehen, welche von diesen ein Ereignis lenken). Sie beschäftigt sich auch mit Angelegenheiten, die jenseits der materiellen oder physischen Welt liegen, obwohl Handlungen,
die auf magische Art und Weise durchgeführt werden, Mani-
festationen und Wirkungen in der realen Welt zeigen
werden.

Bei der Arbeit mit Magie herrscht ein Gleichgewicht zwischen Humor und Ernsthaftigkeit, Glauben und Unglau-
ben (wobei du zwei einander widersprechende Ideen gleichzeitig haben kannst). Wenn Ritual (assoziiert mit Merkur
und Jupiter) sich als »Theater des Geistes« erklären läßt,
dann könnte Magie als »Kunst der Psyche« bezeichnet wer-

den – die Veränderungen in unserer Wahrnehmung verändern oft sehr subtil die Art und Weise, wie wir handeln und
auf unsere Umgebung reagieren. Es gibt viele magische Systeme, die grundlegendste Form existiert jedoch in jedem
Menschen: Es ist die Fähigkeit, unsere eigene Realität im
Einklang mit natürlichen Rhythmen zu gestalten, abzuwan-
deln, zu verändern. Du könntest dieses Buch über die
TraumSteine als ein Kochbuch betrachten, das Grundinfor-
mationen enthält, die durch die Magie deiner eigenen Wahrnehmungen, der Auswahl an Zutaten und der Verbindung
mit der lebendigen Erde verändert werden. Alles ist möglich
– du mußt es dir nur vorstellen können.

Die Schlüsselworte für Magie sind **Macht** *und* **Möglichkeit**.

Magiesteine

Magiesteine sind solche, die Kräfte zur Verbindung in dir an-
regen. Das können Fossilien, Quarzstücke mit eingeschlos-
senen Regenbogenfarben, Silberglanz-Obsidian, Opalmasse oder jeder andere Stein sein, dessen Schwingung sich in
Resonanz mit deinem eigenen Gefühl von magischer Sichtweise befindet.

Meine Gedanken zu Magie:

Der Gott-Stein

Der Gott-Stein versinn-
bildlicht göttliche Kraft,
das Urfeuer der Kreativi-
tät und die Energie des
Universums. Er steht mit
öffentlicher Religion und
Fragen religiösen Dogmas
in Verbindung. Er ent-
spricht auch dem männli-
chen Selbst, das jeder von

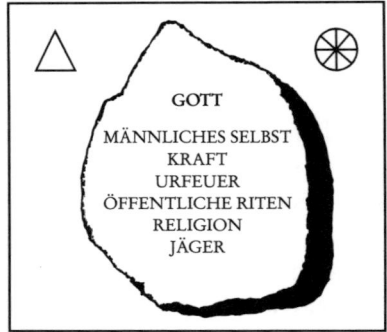

uns besitzt – sei es durch das Geschlecht (einen männlichen
Körper) oder als Widerspiegelung und Vaterfigur.

Der Gott-Stein bezieht sich auch auf den frühen Jäger, der
auf die Vorgeschichte zurückweist und daher das Überleben
der Gattung, Schutz und eine tiefe Verbindung und Identifi-
kation mit natürlichen Energiequellen verkörpert. Das
Gleichgewicht, das dieser Gott schafft, besteht darin, von
der Natur nur das zu nehmen, was zum Überleben notwendig ist, damit das Naturreich sich wieder regenerieren kann.
Wenn dieses Gleichgewicht nicht bewahrt wird, gewinnt
derjenige Aspekt des Gottes, der an das Chaos und die Kräfte
der Energie des Zufalls gebunden ist, die Oberhand und ent-
fesselt, wie Pan in Arkadien und Dionysos in ganz Griechenland, die Kräfte von Wildheit, Panik und Dissonanz.

In seinen sanfteren Aspekten ist er der Wind, der durch die
Gräser streicht, das reifende Korn, der klare Himmel und
helle Sonnenschein, der wärmt und heilt, und auch die Stärke des Waldes und die Geheimnisse, die in seinen Bäumen leben. Der Gott ist Jäger und Gejagter, Liebhaber und Geliebter der Erde, Schöpfer von Musik und der Lebenskraft, die
ihren Ausdruck in der Kreativität sucht. Er ist der mächtige
Herrscher des Himmels, Beschützer und Heiler, weiser alter
Mann, Einsiedler, Krieger und Dichter – er besitzt ebenso

viele Aspekte, wie es Menschen gibt, die sich mit jenem Teil in sich selbst identifizieren, dessen Schwingung einer tieferen Energie der Schöpfung entspricht.

Die Schlüsselworte für den Gott sind **Kraft** *und* **Urfeuer.**

Gott-Steine

Gott-Steine haben im allgemeinen eine phallische Form, das heißt, sie sind eher länger als rund, obwohl sich auch längliche dreieckige Formen sehr gut eignen. Steine mit verschiedenen Materialien, die jene Aspekte der Gott-Energie darstellen, die für dich von Bedeutung sind, oder solche mit interessanten Einschlüssen sind ebenfalls passend, wie beispielsweise Fossilien, Versteinerungen (Holz) oder Kristalle.

Meine Gedanken zum Gott-Stein:

Der Göttin-Stein

Der Göttin-Stein ver-
sinnbildlicht göttliche
Form, die Ursprüngliche
Erde und das Prinzip der
Fruchtbarkeit, die Mate-
rie des Universums. Der
Göttin-Stein steht in Be-
zug zu Erdriten und Fra-
gen der religiösen Wieder-
Verbindung. Er entspricht

auch dem weiblichen Selbst, das jeder von uns besitzt – sei
es durch das Geschlecht (einen weiblichen Körper) oder als
Widerspiegelung und Mutterfigur.

Der Göttin-Stein bezieht sich auch auf die Mondjungfrau,
die ihre Natur mit dem Zu- und Abnehmen des Mondes verändert. Sie ist die ursprüngliche Jungfrau, die Mutter wird,
wobei die Mondzyklen am Himmel diesem Prozeß entsprechen. In der Vorgeschichte wurde die Dunkelheit der Nacht
als etwas Mysteriöses empfunden, in dessen Schatten sich
unbekannte Gefahren verbargen. Der Mond (die Mondin)
triumphierte über diese Dunkelheit und versilberte das
Land mit seinem (ihrem) Licht, wodurch sie es weniger be-
drohlich machte. Sie ist auch eine Jägerin bei Nacht, heim-
lich und in Träumen. Daher ist ihre Präsenz damit verbunden, daß du deinen tiefsten Herzenswunsch findest und mit
einem Gefühl von persönlicher Philosophie verknüpfst.
Dies ist in der Ruhe von Geist und Körper in der Dunkelheit
und den Träumen der Nacht zu entdecken.

Sie steht auch in Verbindung mit der Energie des Zufalls,
besonders dann, wenn sich Kreativität im Individuum nicht
entfalten kann, wenn Kunst, Dichtung oder das festliche Zelebrieren des Lebens unterdrückt werden und von der Verbindung mit der Gesamtheit der menschlichen Existenz ge-

trennt sind. Diese Wiederherstellung einer tiefen Verbundenheit, die in allen Künsten, in gutem Werkzeug, in Häusern, Kleidung und Nahrung offen zutage tritt, ist ein festliches Zelebrieren der inneren Göttin. Während der Gott das nimmt, was zum Überleben notwendig ist, verkörpert die Göttin die Energie, aus jenen Grundbestandteilen etwas zu »machen«, was größer als die einzelnen Teile ist. Jede dieser beiden Energien ist notwendig für die andere, ebenso wie Yin und Yang notwendige Polaritäten innerhalb der taoistischen Philosophie darstellen. Sie müssen gemeinsam gedeutet werden, wobei das Individuum an einem Punkt des Gleichgewichts zwischen diesen unterschiedlichen Energien steht.

Die Göttin ist die fruchtbare Erde, die das reifende Korn trägt, die Muse, die zu Poesie und Kunst inspiriert, der Tanz der Elemente, der Leben erschafft, und der Kessel oder Gral, in dem Leben vor der Geburt enthalten ist. Sie ist Liebende und Geliebte des Jägers und Waldgottes, Ursprung des Orakels, Weberin, Kriegerin, Mutter und alte Frau. Sie besitzt ebenso viele Aspekte, wie es Menschen gibt, die sich mit den Kräften der Formgebung identifizieren.

Die Schlüsselworte für die Göttin sind **Wiederverbindung** *und* **Form**.

Göttin-Steine

Nach der Überlieferung haben Göttin-Steine Löcher durch ihren Mittelpunkt, oder sie sind wie ein gleichschenkliges abgerundetes Dreieck (die Form des Schoßes) oder wie ein Herz geformt. Es wird jeder Stein geeignet sein, der deinen Vorstellungen und Empfindungen von der Göttin entspricht. Ich habe die Erfahrung gemacht, daß Bernstein, Koralle, Achat, goldenes Tigerauge und ausgewaschene Flußsteine gute Göttin-Steine abgeben.

Meine Gedanken zum Göttin-Stein:

Zufall

Der Zufallsstein bezeich-
net Ereignisse, die uner-
klärlich, nicht voraussehbar und unkontrollierbar
sind. Diese Kraft liegt völlig außerhalb der Möglichkeit, durch einen Eingriff
des Menschen verändert
zu werden, und ihre Lektion hat mit Annehmen
und Überleben zu tun.

ZUFALL

CHAOS
SCHLANGE
WILDE JAGD
GLÜCK
DAS UNBEKANNTE
WILDE MAGIE

Der Zufallsstein ist eine unbestimmte Variable, die nicht
allein für sich gedeutet werden kann. Er steht immer in Beziehung zu einem einzelnen Stein oder zu einer Gruppe von
Steinen und zeigt an, wo die ungewissen Kräfte von außen in
einem Steinwurf und im Leben des Fragenden erfahren werden. Wenn der Zufallsstein beispielsweise in Konjunktion
mit dem Saturnstein fällt, kannst du annehmen, daß die geordneten Elemente in deinem Leben oder Bereiche der Disziplin mit großer Wahrscheinlichkeit auf eine Art und Weise umgestoßen werden oder auseinanderbrechen können,
gegen die du dich unmöglich schützen kannst. Du mußt den
Einfluß des Zufallssteins einfach akzeptieren und damit leben, indem du das Beste aus der Erkenntnis machst, daß Pläne in irgendeiner Form zunichte gemacht werden können.
Das ist manchmal eine sehr positive Erfahrung – zum Beispiel ist eine Verbindung von Jupiter (Ausdehnung), Feuer
(Energie) und dem Zufallsstein außerordentlich günstig.

Diese Energie des Zufalls ist die Macht der wilden Magie
und des Feenreiches, die in den meisten Mythologien der
Welt erwähnt wird. Die Einflüsse von Kobolden, Elfen und
wilden Erdgeistern werden durch die Position in einem
Steinwurf angezeigt. Sie versinnbildlicht auch die Energie

des Träumens der Erde, die sich in »Zufallsblitzen« zeigt. Das älteste Bild dafür ist die Schlange.

Die Schlüsselworte für Zufall sind **Chaos** *und* **wilde Magie.**

Zufallssteine

Dein Zufallsstein kann ein Stein mit zwei verschiedenen Seiten sein, was darauf hinweist, ob die Kraft des Zufalls ihrem Wesen nach positiv oder negativ sein wird. Er kann auch charakteristische Kennzeichen und Strukturen aufweisen, vielleicht Opalmasse, ein Kristall mit interessanten Einschlüssen, ein ausgewaschener Flußstein mit einer Aushöhlung auf einer Seite. Es ist wichtig, daß die Eigenschaften der Energie des Zufalls auf dem Stein selbst dargestellt sind und daß er sich ziemlich deutlich von den anderen Steinen in deinem TraumStein-Satz unterscheidet.

Meine Gedanken zum Zufallsstein:

Die energetische Aufladung des Dritten Ringes

Entsprechend der Vorgehensweise, wie sie am Ende des Ersten und Zweiten Ringes beschrieben ist, nimmst du eine Schale mit Erde und eine Votivkerze für jeden Stein des Dritten Ringes. Plaziere die Steine des Pentagramms, des Ersten und des Zweiten Ringes, und lege dann jeden Stein des Dritten Ringes nach dem unten abgebildeten Mandala an seinen entsprechenden Platz. Gib dem Stein seinen Namen, während du dich auf seine Eigenschaften konzentrierst, und zünde dabei die zu ihm passende Votivkerze an.

Bleibe eine Zeitlang ruhig sitzen und meditiere auf die komplexen Energiefäden, die sich zwischen und innerhalb der TraumSteine miteinander verbinden und zu einem Muster verflechten. Du solltest ein echtes Gefühl von Vervollkommnung und Verbindung mit den Energien der lebendigen Erde, mit der mythischen Realität der TraumSteine erfahren.

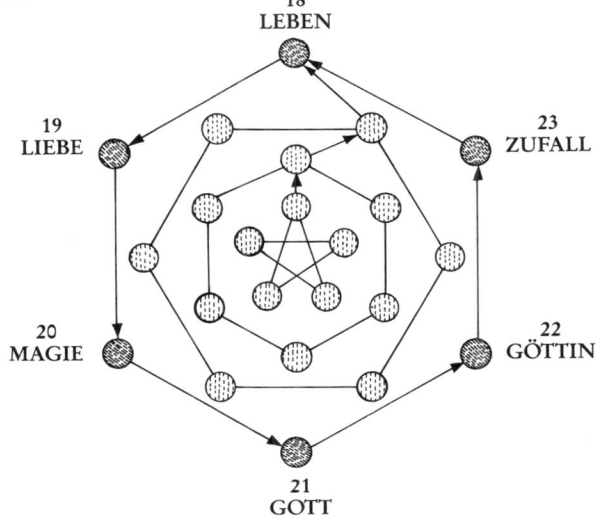

Mandala
Stein-Pentagramm & Drei Ringe

Schlüsselassoziationen

Der Dritte Ring hat die folgenden Schüsselassoziationen:

Leben ▽△	Liebe ▽	Magie △
Heilendes Selbst	Zentriertes Selbst	Verbindendes Selbst
Nähren	Echo	Macht
Schutz	Gleichheit	Prozesse
Freigebigkeit	Identität	Systeme
Gesundheit	Geben	Wunder / Erstaunen
Helfen	Gegenseitige	Möglichkeit
	Abhängigkeit	

Gott △ ⊛ △	Göttin ▽ ⊛ ▽	Zufall
Männliches Selbst	Weibliches Selbst	Chaos
Kraft	Form	Schlange
Urfeuer	Materie	Wilde Jagd
Öffentliche Riten	Erdriten	Glück
Religion	Wiederverbindung	Das Unbekannte
Jäger	Mondjungfrau	Wilde Magie

Kapitel 12

PROFESSIONELLE DIVINATION

Im Idealfall sollten professionelle Orakeldeuter solche Menschen sein, die eine tiefe Verbindung mit dem Orakel, mit ihren eigenen psychischen Fähigkeiten oder ihrem inneren Führer hergestellt haben. Es gibt viele Namen für das Orakel, fast ebenso viele, wie es Praktizierende gibt, und ein guter Orakeldeuter kann jedes Hilfsmittel als Konzentrationspunkt für seine Begabung nutzen – ob es sich dabei nun um ein formales System handelt, wie das Tarot, die TraumSteine oder das I Ging, oder um ein zufälliges Energiemuster in seiner Umgebung, wie beispielsweise dahintreibende Blätter, die flackernden Formen des Feuers oder, um prosaischer zu bleiben, herunterfallende Heftklammern in einem vollen Büro.

Wenn du dich dazu entschließt, berufsmäßig Orakel zu deuten, solltest du als erstes einige Grundwerke über Psychologie und Lebensberatung lesen. Du wirst damit einen Beruf haben, der mit der Sorge um andere Menschen zu tun hat. Wenn du einer Person gegenübersitzt, die als Fragesteller(in) zu dir gekommen ist, kannst du die Grundvoraussetzung nicht übersehen, daß du das bist, um dem (der) Betreffenden zu helfen – allermindestens bist du Gesprächspartner und Vertraute(r). Als zweites mußt du dich über die lokale Gesetzgebung im Hinblick auf eine solche berufliche Tätigkeit informieren. Du mußt deinen Stand in dieser Sache kennen, damit du Entscheidungen treffen kannst über ein Honorar oder eine Spende für deine Dienstleistung, über deinen Arbeitsplatz und Möglichkeiten der Werbung und Bekanntmachung, daß du für Konsultationen zur Verfügung stehst.

Silber in die Hand legen

Der häufig erwähnte Brauch, Silber in die Hand eines Orakeldeuters zu legen (in der ursprünglichen Version dieser Redensart ist es eine Zigeunerin), ist nicht so abergläubisch, wie es auf den ersten Blick erscheinen mag. Während die Meinungen darüber auseinandergehen, ob für Divination ein Honorar verlangt werden sollte, wird allgemein akzeptiert, daß professionelle Divination die Frage des Ausgleichs ansprechen muß, und Bezahlung für einen Rat, den man einholt, ist Teil eines solchen Ausgleichs. Wenn du in deinem Leben ständig Dinge für andere Menschen tust und dafür keine Gegenleistung bekommst, dann belastest du diese Menschen mit uneingelösten Verpflichtungen dir gegenüber, und sie machen Schulden, die sie nicht auf sich nehmen können. Wenn du selbst ständig etwas von Menschen nimmst, ohne etwas zurückzugeben, lädst du dir ebenso Verpflichtungen auf, was wiederum zu einem mangelnden karmischen Ausgleich führt. Die Gabe von Münzen (besonders Silber, da dieses in Verbindung mit dem Mond steht, der die Divination beeinflußt) oder ein Einlösen von Verpflichtungen durch Tausch hält die Waagschalen zwischen Orakeldeuter(in) und Fragesteller(in) im Gleichgewicht, und das gilt auch allgemein für jede Art von geschäftlicher Abwicklung zwischen zwei Menschen. Nur sehr wenige werden auf einen Ratschlag hören, für den sie nichts bezahlt haben: Die Schuld, die mit einer uneingelösten Verpflichtung verbunden ist, steht dem im Weg. Du kannst dir aussuchen, ob du gegen Spenden, im Tausch von Gegenständen oder anderen Formen von Unterstützung oder auf einer festen Honorarbasis arbeitest. Wichtig ist dabei der Grundgedanke, daß etwas ausgetauscht werden muß, um das Gleichgewicht zwischen Individuen wiederherzustellen, damit sie sich als Gleichgestellte begegnen können.

Wer konsultiert einen professionellen Orakeldeuter?

Über einen längeren Zeitraum hin habe ich die Beobachtung gemacht, daß Menschen, die einen professionellen Orakeldeuter aufsuchen, vom Typ her mehreren Gruppen zuzuordnen sind, die ganz unterschiedliche Dinge von dir verlangen. Die folgende Übersicht ist danach geordnet, welche Art von Divination die Betreffenden sich wünschen, und aufgrund einiger allgemeiner Erklärungen, die sie abgeben, warum sie zu dir gekommen sind. Diese Einteilung ist zwar nicht definitiv, kennzeichnet jedoch die am weitesten verbreiteten Menschentypen, die einen professionellen Orakeldeuter aufsuchen.

Der Unvorbelastete

»Ich habe vorher noch nie ein Orakel gedeutet bekommen. Ich war einfach neugierig.« Diese Person ist sehr offen für neue Informationen und hat sich noch keine Meinung darüber gebildet, möchte jedoch wissen, um was es dabei geht. Der Betreffende ist bereit, sich davon überzeugen zu lassen, daß Divination funktioniert. Er braucht einen laufenden Kommentar über die Art der Divination, die du benutzt, ihre Geschichte und was sie ihm mitteilen kann. Zwischen einem System von Wurfsteinen und dem Tarot gibt es beispielsweise den folgenden Unterschied: Während das Tarot Auskunft über Vergangenheit-Gegenwart-Zukunft in einem genau ausgelegten Muster gibt, schaffen die Steine ein Muster, durch dessen Deutung entdeckt werden kann, worin das Kernproblem im Leben eines Menschen zum gegenwärtigen Zeitpunkt besteht, das allem zugrunde liegt und worüber er sich nicht einmal bewußt sein mag. Dies wird aus dem Stein abgeleitet, der dem Geiststein am nächsten liegt. Die anderen Steine geben, als Ausgleich dazu, andere Geschehnisse in seinem Leben an, angrenzende Bereiche, die auf eine bestimmte Art und Weise Einfluß ausüben. Ein Steinwurf nimmt einen Augenblick in der Zeit heraus, das Jetzt, und stellt von dort aus Annahmen über Vergangenheit und Zukunft auf.

In der Körpersprache dieses Typus wird sich Zögern ausdrücken. Du solltest sehr selbstsicher wirken. Erwidere seinen Blick, achte darauf, daß deine Stimme ermutigend klingt, und beobachte seine nicht verbalisierte Sprache als Bestätigung dafür, daß du mit deiner Deutung auf der richtigen Spur bist. Es besteht die Chance, daß der Betreffende ganz unbewußt zur Bestätigung mit dem Kopf nickt.

Der Skeptiker

»Sag mir etwas über mich.« Diese Person lehnt sich zurück, verschränkt die Arme, setzt ein ausdrucksloses Gesicht auf und teilt dir durch ihre Körpersprache mit, daß sie dir überhaupt nicht dabei helfen wird und daß sie voll und ganz erwartet, daß alles, was du sagst, unrichtig sein wird.

Es ist interessant zu bemerken, daß Skeptiker nicht erkennen, wieviel sie durch ihre Haltung über sich selbst verraten. Sollte dich diese Haltung daher verunsichern, kannst du als erstes ihre Körpersprache interpretieren. Es ist praktisch unmöglich, das Orakel für jemanden zu deuten, zu dem du keine Verbindung herstellen kannst. Wenn du dich dazu entschließt, weiterzuarbeiten und ihnen ein paar allgemeine Fragen zu stellen, wie beispielsweise: »Bist du vorher schon einmal bei einem Orakeldeuter gewesen?« oder »Was weißt du über Divination?«, so kann sie dies langsam etwas auftauen und dir durch ihre Stimme einen Einblick in ihre Psyche geben. In der Regel ist es am besten, eine solche Verbindung herzustellen, bevor du mit dem Steinwurf beginnst, oder genügend Vertrauen zu haben, die Steine zu werfen und aufgrund eines ersten Eindrucks sehr rasch mit der Deutung anzufangen, bis du das Gefühl hast, daß eine Wechselwirkung eintritt. Wenn du wirklich nicht die Gabe hast, dich in einen Menschen einzufühlen, kannst du dich auch dafür entscheiden, ihm mitzuteilen, daß du für ihn das Orakel nicht deuten kannst, daß dies manchmal passiert und ihm nicht vorzuwerfen sei, und ihn dann an einen anderen Orakeldeuter verweisen.

Der Normalfall

»Ich brauche eine Orakeldeutung, um zu überprüfen, daß ich die richtige Entscheidung treffe.« Diese Person erfährt zu diesem Zeitpunkt bestimmte Streßsituationen in ihrem Leben und hat beschlossen, einen Orakeldeuter aufzusuchen, um das Geschehen aus einer anderen Perspektive zu betrachten. Die Betreffenden sind es gewohnt, einen Orakeldeuter aufzusuchen, wenn ihr Leben eine bestimmte Wendung nimmt, und sie werden daher ganz gelassen und entspannt wirken, wenn sie dich konsultieren. Wenn sie dich zum erstenmal aufsuchen, wird es eine kurze Phase der Prüfung geben, wo sie feststellen wollen, daß du weißt, was du tust (und nicht alle paar Minuten in einem Lehrbuch etwas nachschlagen mußt), bevor sie sich darauf einstellen, eine Deutung der Kräfte zu hören, die zum Zeitpunkt des Steinwurfs in ihrem Leben wirksam sind. Sie möchten nicht, daß du Entscheidungen für sie triffst, sondern einfach eine Prüfung und Bestätigung jener Entscheidungen haben, die sie selbst treffen.

Der Voyeur

»Ich dachte, das würde mal interessant sein.« Diese Person glaubt wahrscheinlich nicht daran, daß »dieser Hokuspokus mit der Wahrsagerei« überhaupt funktioniert, möchte aber trotzdem irgendwie wissen, was ihr passieren wird. Diese Klienten sind im Grund genommen da, um sich unterhalten zu lassen. Sie haben vielleicht einen genußvollen Einkaufs-

bummel hinter sich und plötzlich, als zusätzliche Zerstreu-
ung, beschlossen, sich einen Besuch bei einem Orakeldeuter
zu gönnen. Wenn du dich interessant und farbenfroh klei-
dest, wird das vermutlich der Grund dafür sein, warum du
auserwählt worden bist: Dein(e) Klient(in) mag sich vielleicht etwas gelangweilt fühlen und braucht einen Auftrieb.
Ich habe Orakeldeuter sagen hören, daß sie keine Deutung
aus Gründen der Unterhaltung machen, da ihre Kunst damit nicht ernst genug genommen werde. Dies ist wirklich
nur eine Sache des persönlichen Geschmacks.

Ich persönlich habe gegen eine solche Deutung überhaupt
nichts einzuwenden. Du kannst deinen Spaß daran finden,
deine Körpersprache besonders zu betonen und schwungvolle Armbewegungen und graziöse oder streichende Ge-
sten mit den Händen zu machen. Lenke die Aufmerksamkeit des Klienten auf die Steine, auf die Energiemuster, die sie
bilden, auf die Lichtreflexe. Höre nicht auf zu reden. Für
oberflächliche Deutungen wie diese kann es nützlich sein,
die Steine mehrmals zu werfen und nach verschiedenen Be-
deutungsaspekten zu suchen. Passe deine Sprache der sorg-
losen Natur dieser Deutung an, und sei sehr positiv und op-
timistisch. Wenn jemand nach einem Steinwurf mit einem
guten Gefühl über sich selbst weggeht, dann hat sich die Mü-
he für dich gelohnt. Du kannst auch dem Anschein nach un-
terhaltsame, aber durchaus nützliche Informationen in die
Deutung einfließen lassen. Es besteht die leichte Gefahr, diese Art von Deutung als zu trivial erscheinen zu lassen, so daß
sich Leute darüber beunruhigen könnten, ob alle Orakeldeuter in der Hauptsache so arbeiten – achte darauf, die Bedürfnisse deiner Klienten richtig einzuschätzen und dich
entsprechend zu verhalten.

Der Patient

»Ich weiß nicht, was ich tun soll. Alles ist so chaotisch.« Diese Person braucht wahrscheinlich Lebensberatung, würde aber niemals auf den Gedanken kommen, sich an einen Lebensberater zu wenden. Wenn er einen Orakeldeuter aufsucht, kann er sich selbst sagen, daß nichts ernstlich Schlimmes mit ihm los ist. Besucht er dagegen einen Therapeuten, dann geht es ihm nach dieser Definition nicht gut. Hier ist deine Fähigkeit, sorgfältig zuzuhören und den Fragesteller durch seinen eigenen Entscheidungsprozeß zu führen, von allergrößtem Nutzen. Die Steine werden dir einen Einblick in das Problem ermöglichen. Es wird deine ganze Diplomatie und Einsicht verlangen, die richtige Wortwahl für die Deutung abzuschätzen. Der Betreffende wird möglicherweise mit größtem Nachdruck versuchen, dich seine Entscheidungen für ihn treffen zu lassen. Widerstehe dieser Versuchung und bemühe dich, ihn die Prioritäten, die du erkannt hast, in sein eigenes Bezugssystem einordnen zu lassen, damit er dazu gebracht werden kann, Entscheidungen für sich selbst zu treffen. Dieser Klient wird vielleicht professionellen Rat von einem geschulten Therapeuten brauchen. Hier werden deine Kenntnisse in Lebensberatung und Psychologie es dir ermöglichen, eine begründete Entscheidung zu treffen, ob du den Betreffenden an einen Spezialisten auf diesem Gebiet verweist.

Das Opfer

»Das ist nicht fair . . . warum muß mir das alles zustoßen?« Diese Person braucht ein mitfühlendes Ohr und ganz konkrete vernünftige Ratschläge in Verbindung mit einer Orakeldeutung, die sich auf praktisch wirksame Handlungen konzentriert, die zu einem besseren Selbstbild führen. Grundlegende Übungen für den Umgang mit negativen Emotionen sind hier erforderlich. Du kannst dem Betreffenden einfache Dinge vorschlagen, wie beispielsweise zu meditieren oder mit Affirmationen zu arbeiten, besondere farbige Kerzen zu entzünden oder einen langen Spaziergang am Meer zu machen, je nachdem, was sich in diesem Fall als das Beste erweisen wird. Es können auch kompliziertere Übungen sein, die aus deinen eigenen magischen Erfahrungen entstanden sind.

Wir alle haben gelegentlich das Gefühl, das Leben meine es zu schlimm mit uns. Oft sind die Menschen, die zu dieser Kategorie gehören, in den meisten Bereichen ihres Lebens sehr tüchtig, sind jedoch an einem kritischen Punkt angekommen, wo sie Führung von außen brauchen, um zu erkennen, worauf sie ihre Aufmerksamkeit als nächstes richten sollen. Als Orakeldeuter wirst du den Überblick über ihr Leben zum gegenwärtigen Zeitpunkt haben und erkennen können, welcher Bereich am leichtesten und direktesten wieder ins Gleichgewicht gebracht werden kann. Das Leben in einer hochtechnologisierten Umwelt kann Menschen manchmal von ihrem inneren Wissen und ihrem gesunden Menschenverstand trennen, und sie verstricken sich in ein solches Netz von Gedanken, daß sie selbst keine Ordnung mehr darin herstellen können. Deine Sichtweise und dein Einfühlungsvermögen werden ihnen dabei helfen, den Strang zu finden, der am wenigsten verwirrt ist, damit ein Anfang gemacht werden kann, die Probleme zu entwirren, in denen sich der Betreffende verstrickt findet.

Andere Menschen stehen zwischen diesen Gruppierungen oder können sich gleichzeitig in mehr als einer von diesen befinden. Es ist nicht richtig, jemanden, der eine Phase von äußerster Besorgnis durchlebt (der Patient), daran hindern zu wollen, bei der Konsultation eines Orakeldeuters Ablenkung (der Voyeur) und ein befreiendes Lachen zu finden. Zumindest wirst du deine Klienten unterhalten, und sie werden mit einem positiven Ausblick auf ihre gegenwärtige Lebenssituation fortgehen. Am besten kannst du das Orakel auf eine solche Art und Weise deuten, daß der Betreffende genau die Worte hören wird, die er zur Klärung seiner Situation braucht. Es ist überhaupt nicht ungewöhnlich, daß jemand einen Orakeldeuter aufsucht, damit dieser ihm dabei hilft, »laut zu denken«, oder weil er eine Bestätigung von Dingen braucht, die er in seinem Leben bemerkt – eine Art Rückversicherung eines erfahrenen Mediums, daß er sich diese Dinge nicht nur vorstellt oder auf bestimmte Ereignisse übermäßig reagiert.

Teil IV

VARIATIONEN

Beispiel für ein Orakeltuch

Kapitel 13

TraumSteine

Die Anzahl von Steinen, die du verwendest, wird nur dadurch begrenzt, wie viele Steine du in einer Hand halten kannst; in der Regel wird fünfundzwanzig die Höchstzahl sein. Dies hindert dich jedoch nicht daran, eine Auswahl von Grundsteinen zu treffen, die über fünfundzwanzig hinausgeht. Damit kannst du dir aussuchen, welche davon du in einer bestimmten Situation für die Deutung heranziehen willst. Eine Freundin hat einen Satz von mehr als dreißig TraumSteinen, deutet im allgemeinen jedoch nur weniger als zwanzig in einem Steinwurf. Es gibt verschiedene Möglichkeiten, wie du entscheidest, welche Steine du verwenden willst. Dazu gehören die folgenden:

1. Lege deine TraumSteine in eine Schale und laß einen Fragesteller eine bestimmte Anzahl von diesen für die Deutung auswählen. Schließe die Augen und wähle die Steine nach dem Zufallsprinzip aus, wenn du eine Deutung für dich selbst machst.

2. Trenne deine Steine in solche, die sich auf Alltagssituationen anwenden lassen, und in solche, die sich auf mehr esoterische oder komplexere Bereiche des menschlichen Geistes beziehen. Danach kannst du die passenden Steine für die jeweilige Fragestellung auswählen.

3. Nimm all deine Steine in die hohle Hand und streue sie, in einem als Vorbereitung dienenden Wurf, auf ein dafür besonders präpariertes Wurftuch, das in der Mitte ein deutlich abgegrenztes Muster hat. Die Steine, die in dieses Muster fallen, werden für den Steinwurf verwendet und gedeutet. Die Steine, die außerhalb des Musters fallen, sollten wieder in ihren Aufbewahrungsbehälter zurückgelegt werden.

Steine für deine Träume

Die Sicht des Orakels ist für jeden individuell und auf einzigartige Weise persönlich geprägt. Daher kann deine Steinsammlung am Ende von den TraumSteinen abweichen, wie sie in diesem Buch beschrieben sind. Die folgenden Beispiele zeigen einige Möglichkeiten von Veränderung auf, wie ich selbst und eine Reihe von anderen Deutern des TraumStein-Orakels sie vorgenommen haben.

Der Mond

Dieser Stein wird unterteilt in einzelne Steine, welche die Mondphasen oder die Aspekte der Göttin darstellen, die mit diesen Phasen in Verbindung steht. Diese Variation ist eine Besonderheit für Leute, deren philosophische Vorstellungen sie zur Beschäftigung mit diesen Energien veranlassen. Die einzelnen Steine sind:

Jungfrau: Unschuld; die Bereitschaft, einen neuen Zyklus zu beginnen; zunehmende Energie

Mutter: Wissen; die Fähigkeit, mit notwendigen Entscheidungen zu leben; Höhepunkt der Energie

Alte Frau: Reife; die Fähigkeit, Dinge im Leben loszulassen, die nicht mehr gebraucht werden; abnehmende Energie, klug eingesetzt

Geheimnis: verborgene Wahrheiten; die Fähigkeit, das Unaussprechliche wahrzunehmen und zu erfahren.

Der Traumstein

Dies ist eine Variation von mir. Sie korrespondiert mit der Stimme des Orakels, wie sie in deinen Träumen zu dir spricht. Die Position dieses Steins, in Verbindung mit der Plazierung des Mond- und Neptunsteins, gibt einen klaren

Hinweis auf die Kraft und den Brennpunkt deiner verborgenen Träume. Dies ermöglicht es dir zu sehen, welcher Lebensbereich am stärksten von deinen tiefsten Träumen beinflußt wird. Dieser Stein wird den TraumSteinen bei der professionellen Orakeldeutung hinzugefügt, oder er kann auch das Stein-Pentagramm ergänzen, um ein tieferes Verständnis für die Einwirkung der Elementarenergien zu geben.

Der Karrierestein

Dieser Stein beschäftigt sich genauer mit beruflichen Aussichten, Karrierezielen und arbeitsmäßig orientierten Aktivitäten. Sonst kann diese Information erschlossen werden aus der Position von Mars (Aktivität), Erde (Arbeit, körperliche Anstrengung, praktisches Tun) und Saturn (Autorität, Finanzen, Organisation).

Die Jahreszeitensteine

Diese Steine erweitern die Bedeutung der Elementarsteine und unterteilen diesen Aspekt der vier Elemente. Diese Unterteilung hat den Sinn, zu verschiedenen Zeiten des Jahres Auskunft über Energiemuster zu geben. Dies leitest du aus den Steinen ab, die sich in der Nähe der Jahreszeitensteine befinden. Ihre weiteren Bedeutungen sind:

Frühling: Aktivität, Bewußtheit, Aufnahme von neuen Projekten, Reisepläne, Veränderungen

Sommer: Energie, kreative soziale Kontakte, aus Gelegenheiten das Beste machen

Herbst: Sicherung von Bemühungen, die in den vorangegangenen Jahreszeiten gemacht wurden; eine Zeit der Arbeit, fortlaufende soziale Verpflichtungen; Sammeln von Informationen für die bevorstehende Zeit des Nachdenkens

Winter: Nachdenken, Einsamkeit, innerer Frieden, Studium, persönliche Vorhaben, lange Nächte und kurze Tage.

Der Zeitstein

Ein Stein, der sich auf Wahrnehmungen bezieht wie das Verhältnis von Raum/Zeit, ein Gefühl für »Timing« (bestimmte Schritte im genau richtigen Moment zu unternehmen), die Dauer von bestimmten Ereignissen (siehe die umliegenden Steine) und ein Gefühl für Geschichte und Tradition.

Systeme des Steinwurfs

Andere Möglichkeiten für das TraumStein-Orakel bestehen darin, deine Steine nach den Gottheiten eines bestimmten mythologischen Systems zu benennen. Ein altnordisches Wurfsteinsystem könnte aus achtzehn Steinen bestehen (sechs Asen-, sechs Wanen- und sechs weitere Steine), wobei die Bedeutung dieser Steine aus den Eigenschaften jener Gottheiten und anderer Wesen (Riesen, Zwerge usw.) in diesem Mythos abgeleitet wird. In der nordischen Mythologie gibt es zwei Hauptgruppen von Gottheiten: die Asen, ein unternehmungslustiger, eher männlich orientierter Stamm von Kriegern und Abenteurern, und die Wanen, die Überlebenden einer alten Erdreligion.

Die Steine von Brisingamen

Vor einigen Jahren habe ich einen Satz von TraumSteinen einem Freund gegeben, Bill Beattie, der sich zu den TraumSteinen durch ihre Einfachheit hingezogen fühlte. Er begann damit, sich diese Kunst anzueignen, stieß jedoch auf ein Hindernis bei den Attributen, die den Steinen zugeschrieben werden. Da das System bei ihm nicht klappte, beschloß er, es zu personifizieren und umzuwandeln, damit es seinen Bedürfnissen besser entsprach. Er benötigte dazu ein in sich geschlossenes System in einer mythischen Sprache, in die er sich leicht einfinden konnte. Die Lösung, für die er sich entschied, war (sein eigener Begriff) die »Skandinavisierung«.

Die nordische Mythologie war lange ein von ihm bevorzugtes Gebiet gewesen, wenn auch nicht das Runensystem im besonderen. Durch die Verbindung der nordischen Mythologie mit dem Steinwurf hatte er jedoch das Gefühl, mit beiden Studien einige Fortschritte machen zu können. Ich bat ihn um eine Beschreibung seiner Methode, wie er sich sein eigenes Orakelsystem der TraumSteine geschaffen hatte:

»Der erste Schritt hat nicht darin bestanden, mythische Charaktere zu finden, die zu jedem Stein paßten, sondern aufzulisten, welche Figuren in einer veränderten Sammlung am meisten nach einer symbolischen Entsprechung verlangten. Als ich diese Liste aufgestellt hatte, zählte ich die Teilnehmer nach und kam erneut auf die magische Zahl Achtzehn, wie ich sie schon anfangs für die Steine der Drei Ringe gehabt hatte. Dies schien unter den vorliegenden Umständen eine günstige Zahl zu sein: Neun taucht häufig in der Edda als eine besonders einflußreiche Zahl auf (wie in den neun Welten), während Achtzehn eine spezielle Bedeutung für das Orakel hat und die Anzahl der Runen ist, die Odin während seines Selbstopfers und seiner schamanistischen Suche am Weltenbaum, Yggdrasill, erlangt. Aus diesen achtzehn Steinen sind drei Gruppierungen hervorgegangen: neun Asensteine, vier Wanensteine und fünf Steine von anderen Zweigen.

Dann folgte die Neuverteilung der existierenden Steine. Einige erlebten einen ziemlich mühelosen Übergang: Der frühere Sonnenstein, ein Stück Bergkristall, wurde in »Baldurs Stein« umbenannt. Andere nahmen völlig neue Merk-

175

male an; manche mußten durch Stücke ersetzt werden, die
dem Wesen der einzelnen Gottheiten besser entsprachen.

*Als ich die Steine in dieser neuen Zusammenstellung warf,
war eine unmittelbare Veränderung festzustellen. Die Steine
standen nicht mehr für verschiedenartige Eigenschaften und
Möglichkeiten. Sie waren Personen, die mir sehr vertraut waren, versammelt in Gemeinschaft, Zusammenarbeit, Konfrontation oder Suche. Ihr Tanz, der sich durch die Energiemuster der Steine enthüllte, begann das Spiel meiner eigenen
Energien und inneren Reise exakt nachzuzeichnen. Die Methoden, nach denen diese Energiemuster gedeutet werden
können, sind dieselben, die Rhea an anderer Stelle beschrieben hat.« (Für eine vollständige Deutung der Brisingamen-
Steine, siehe Anhang B.)*

Dein eigenes mythisches System

Andere Möglichkeiten für die Erforschung mythischer Systeme sind in der
keltischen – kretischen –indianischen – walisischen – in-
dischen – chinesischen – griechischen – afrikanischen
Tradition zu finden. Diese Variationen lassen sich praktisch
unendlich fortsetzen. Der Hintergrund für das Steinorakel,
wie dieses Buch ihn bereitstellt, sollte es dir ermöglichen,
dich darauf vertrauen lassen, die Steine zu verändern, damit
sie sowohl deiner Persönlichkeit als auch deinem philosophischen Ansatz entsprechen.

Beziehungs- und Gruppensteine

Die TraumSteine können dazu benutzt werden, um die zwi-
schenmenschlichen Beziehungen in einer Gruppe zu erforschen, ähnlich wie Bill (bei den Brisingamen-Steinen) festgestellt hat, daß die Steine wie Personen miteinander verbunden waren. Die Methode dafür besteht darin, für jede Person
einen Stein zu benennen, wobei zusätzliche Steine die Ziele,

Pläne oder Interessensbereiche der betreffenden Gruppe darstellen. Jeder einzelne soll seinen Stein nehmen und seine Energie darauf konzentrieren, bevor die Steine auf die übliche Art und Weise geworfen werden. Stelle die Frage: »Welches Energiemuster hat diese Gruppe im Augenblick?« und wirf dann die Steine. Deute die Beziehung zwischen den Steinen so, als würde es sich um die Beziehung zwischen den Personen handeln, und bringe jeden in der Gruppe dazu, sich an der Deutung der Verbindung zu beteiligen.

Nachfolgend einige grundlegende Richtlinien für den Gebrauch der TraumSteine als Beziehungs- und Gruppensteine:

* *Ein Stein allein*   Jemand, der sich isoliert fühlt oder der es vorzieht, sich von allen Gruppenaktivitäten abzusondern

* *Zwei Steine zusammen*   Eine Partnerschaft oder enge Verbindung

* *Drei Steine zusammen*   Der Kern einer Untergruppe, es können sich jedoch Spannungen entwickeln, wenn nicht jeder gleichberechtigt seine Meinung äußern darf. Ein gutes Energiemuster für kreative Ideen. Schau nach, ob irgendeiner dieser drei Steine Beziehungen zu anderen Steinen bildet.

* *Vier Steine zusammen*   Ist dies ein ausgewogenes quadratisches Muster (was auf Stabilität und möglicherweise Starrsinn hinweist) oder hat es die Form eines Parallelogramms (was der Stabilität Flexibilität hinzufügt)?

* *Fünf Steine zusammen*   Kreative Lösung von Schwierigkeiten oder Disharmonie, die durch jemand verursacht wird, der seine eigene Richtung einschlagen will; eine Gruppe von fünf Steinen zeigt immer Spannung an, und die Farben der Steine und ihre gewöhnliche Bedeutung werden dir Auskunft darüber geben, ob diese Spannung positiv ist oder nicht.

* *Bogenförmige Muster* Diese zeigen Flexibilität an, daher ist diese Gruppe von Leuten dazu fähig, sich zu verändern und miteinander zu wachsen. Schau nach, welcher Stein an der Basis einer Kurve oder Spirale liegt, da es sich dabei vermutlich um diejenige Person handelt, die neue Projekte anfängt.

* *Eckige Muster/gerade Linien* Eckige Muster und gerade Linien sind ein Hinweis auf Zielsetzung, Motivation und Entschlußkraft (manchmal allerdings auf Kosten von kreativen Lösungen und Innovationsprozessen). Die Person am Ende einer geraden Linie ist diejenige, deren Richtungsgebung einen offensichtlichen Einfluß auf die Gruppe darstellt.

* *Mittelpunkt des Steinwurfs* Eine Person (oder vielmehr der von ihr ausgewählte Stein!), der genau in den Mittelpunkt eines Steinwurfs fällt, ist ein fester Bezugspunkt für die Gruppe – jemand, der buchstäblich im Zentrum der Gruppeninteressen steht.

Die Nähe von oder die Distanz zwischen Steinen wird auf dieselbe Situation im wirklichen Leben hinweisen, und wenn du die normale Bedeutung der Steine berücksichtigst, wird dir dies weitere Auskunft für deine Deutung geben. Wenn die Steine zum Beispiel nach dem Zufallsprinzip und mit geschlossenen Augen ausgewählt werden, kannst du die Leute dazu auffordern, sich einen Stein auszusuchen, der sich »richtig« für sie anfühlt. Wäre dies beispielsweise der Marsstein und würde er in unmittelbare Nähe des Feuer- oder Sonnensteins fallen, könntest du davon ausgehen, daß zwischen den betreffenden Personen, die sich diese Steine ausgesucht haben, »Funken sprühen« werden. Dabei könnte es sich um eine sexuelle Anziehung oder kreative Zusammenarbeit handeln, wenn die Steine in der Mitte von runden oder bogenförmigen Energiemustern positiv aspektiert sind; wenn sie jedoch von eckigen Strukturen umgeben sind, könnte dies Rivalität und einen Zwiespalt anzeigen.

Dieser Gebrauch von Steinen innerhalb einer Gruppe stellt eine gute Einführung in den Steinwurf für diejenigen dar, die vorher noch nie damit in Berührung gekommen sind, und ist eine Methode, wie ich sie häufig in Workshops über die TraumSteine angewendet habe. Sie beseitigt sehr schnell die Distanz zwischen Menschen, die sich gegenseitig nicht kennen, und läßt jeden eine gewisse Erfahrung aus erster Hand in der Deutung von Energiemustern in einem Steinwurf machen. Für Menschen, die als Gruppe einige Zeit miteinander gearbeitet haben, kann dies neue Einsichten in die bereits existierenden Beziehungen innerhalb der Gruppe bringen.

Schlüsselassoziationen

JA	NEIN	FRAGE
Positiv Die Zukunft	Negativ Die Vergangenheit	Das Kernproblem Die Gegenwart

ERDE	WASSER
Land-Selbst Körper Das Praktische Gleichgewicht Knochen	Meer-Selbst Gefühle Emotionen Beziehung Flüssigkeiten

FEUER	LUFT	GEIST
Feuer-Selbst Wille Sexualität Kreativität Energie	Wort-Selbst Intellekt Denken Klarheit Atem	Höheres Selbst Ausstrahlung Integration Synthese Seele

SONNE	MOND	MERKUR
Bewußtes Selbst Ausdruck Stärke Charisma Optimismus Handlungen	Traum-Selbst Vision Geheimnisse Erinnerungen Intuition Mysterien	Kind-Selbst Denken Spieltrieb Reisen Ideen Botschaften

VENUS	GAIA	MARS
Gefährten / in-Selbst Kunst Harmonie Romantik Diplomatie Feier	Tier-Selbst Natur Heim Umwelt Verbindung Entspannung	Krieger-Selbst Spannung Vitalität Projekte Aktivität Abenteuer

JUPITER	SATURN	URANUS
Helles Selbst	Älteres Selbst	Unbewußtes Selbst
Ausdehnung	Zusammenziehung	Chamäleon
Lehren	Disziplin	Vertiefung
Drama	Zurückhaltung	Spiegel
Ritual	Autorität	Einheit
Gesellschaft	Herausforderung	Veränderungen

NEPTUN	PLUTO	KARMA
Ur-Selbst	Alte Frau-Selbst	Formgeber
Sensibilität	Einweihung	Rächer
Mythos	Weber / in	Reisender
Dichtung	Sexuelle Bindungen	Wissen
Untertöne	Vermächtnis	Gleichgewicht
Opfer	Wiedergeburt	Lebensweg

LEBEN	LIEBE	MAGIE
Heilendes Selbst	Zentriertes Selbst	Verbindendes Selbst
Nähren	Echo	Macht
Schutz	Gleichheit	Prozesse
Freigebigkeit	Identität	Systeme
Gesundheit	Geben	Wunder / Erstaunen
Helfen	Gegenseitige Abhängigkeit	Möglichkeit

GOTT	GÖTTIN	ZUFALL
Männliches Selbst	Weibliches Selbst	Chaos
Kraft	Form	Schlange
Urfeuer	Materie	Wilde Jagd
Öffentliche Riten	Erdriten	Das Unbekannte
Religion	Wiederverbindung	Wilde Magie
Jäger	Mondjungfrau	

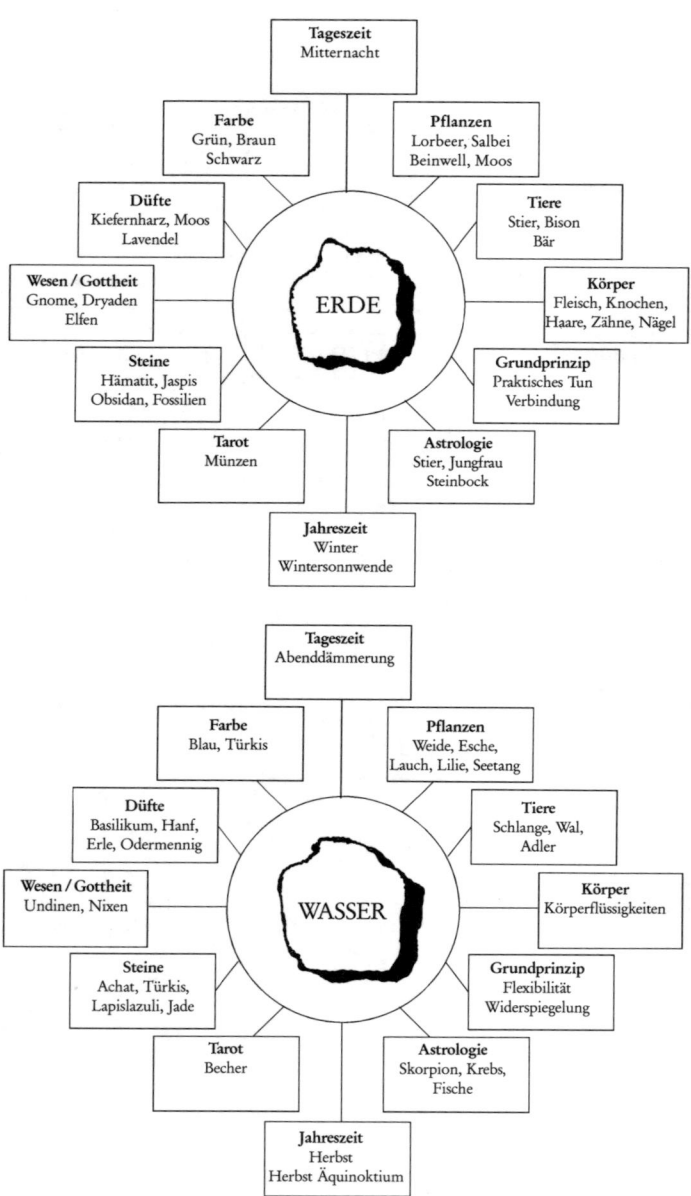

Tageszeit
Mitternacht

Farbe
Grün, Braun
Schwarz

Pflanzen
Lorbeer, Salbei
Beinwell, Moos

Düfte
Kiefernharz, Moos
Lavendel

Tiere
Stier, Bison
Bär

Wesen / Gottheit
Gnome, Dryaden
Elfen

Körper
Fleisch, Knochen,
Haare, Zähne, Nägel

Steine
Hämatit, Jaspis
Obsidan, Fossilien

Grundprinzip
Praktisches Tun
Verbindung

Tarot
Münzen

Astrologie
Stier, Jungfrau
Steinbock

ERDE

Jahreszeit
Winter
Wintersonnwende

Tageszeit
Abenddämmerung

Farbe
Blau, Türkis

Pflanzen
Weide, Esche,
Lauch, Lilie, Seetang

Düfte
Basilikum, Hanf,
Erle, Odermennig

Tiere
Schlange, Wal,
Adler

Wesen / Gottheit
Undinen, Nixen

Körper
Körperflüssigkeiten

Steine
Achat, Türkis,
Lapislazuli, Jade

Grundprinzip
Flexibilität
Widerspiegelung

Tarot
Becher

Astrologie
Skorpion, Krebs,
Fische

WASSER

Jahreszeit
Herbst
Herbst Äquinoktium

182

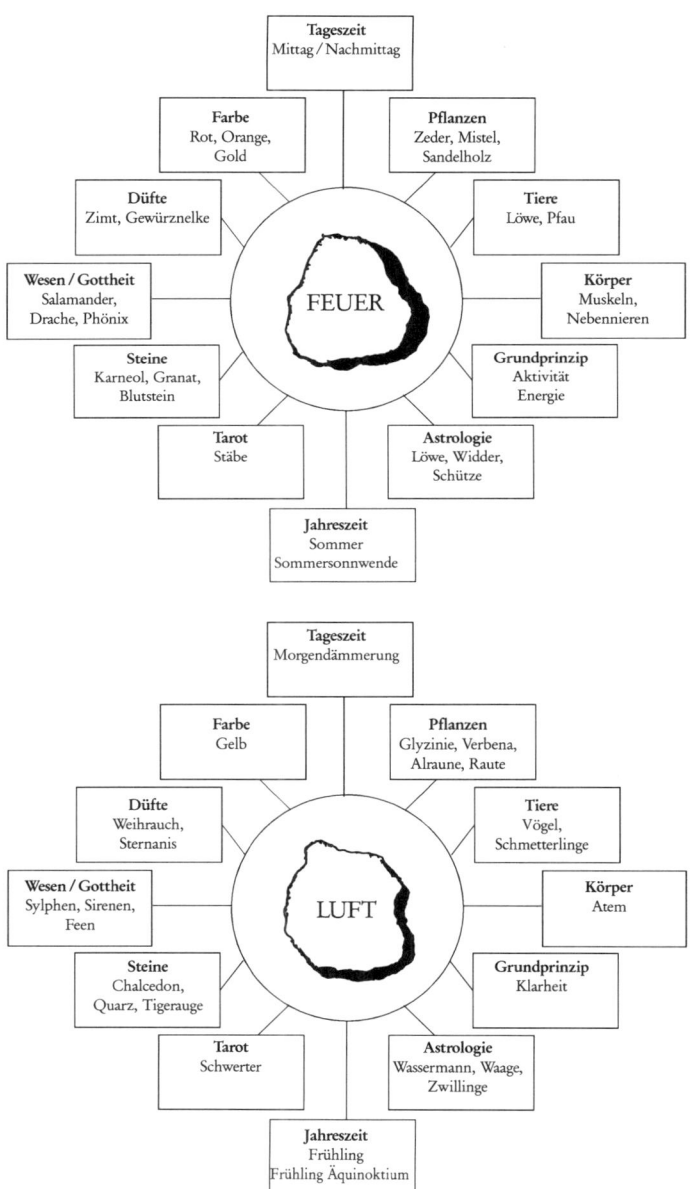

Tageszeit
Mittag / Nachmittag

Farbe
Rot, Orange,
Gold

Pflanzen
Zeder, Mistel,
Sandelholz

Düfte
Zimt, Gewürznelke

Tiere
Löwe, Pfau

Wesen / Gottheit
Salamander,
Drache, Phönix

FEUER

Körper
Muskeln,
Nebennieren

Steine
Karneol, Granat,
Blutstein

Grundprinzip
Aktivität
Energie

Tarot
Stäbe

Astrologie
Löwe, Widder,
Schütze

Jahreszeit
Sommer
Sommersonnwende

Tageszeit
Morgendämmerung

Farbe
Gelb

Pflanzen
Glyzinie, Verbena,
Alraune, Raute

Düfte
Weihrauch,
Sternanis

Tiere
Vögel,
Schmetterlinge

Wesen / Gottheit
Sylphen, Sirenen,
Feen

LUFT

Körper
Atem

Steine
Chalcedon,
Quarz, Tigerauge

Grundprinzip
Klarheit

Tarot
Schwerter

Astrologie
Wassermann, Waage,
Zwillinge

Jahreszeit
Frühling
Frühling Äquinoktium

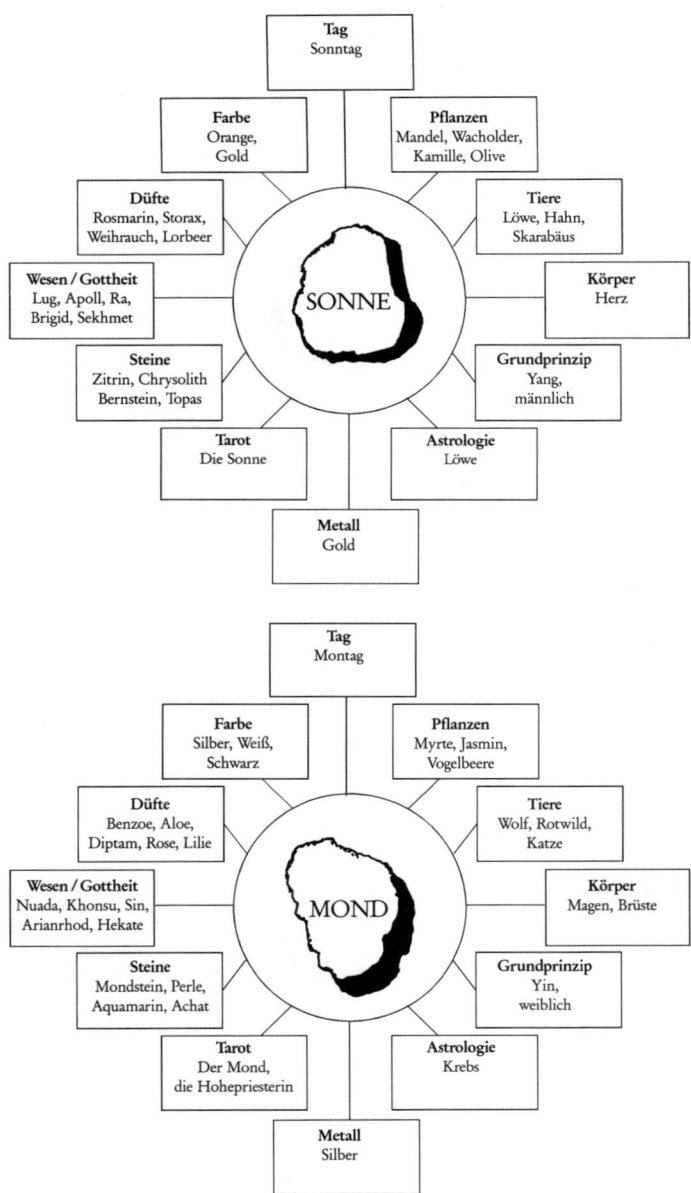

Tag
Sonntag

Farbe
Orange,
Gold

Pflanzen
Mandel, Wacholder,
Kamille, Olive

Düfte
Rosmarin, Storax,
Weihrauch, Lorbeer

Tiere
Löwe, Hahn,
Skarabäus

Wesen / Gottheit
Lug, Apoll, Ra,
Brigid, Sekhmet

SONNE

Körper
Herz

Steine
Zitrin, Chrysolith
Bernstein, Topas

Grundprinzip
Yang,
männlich

Tarot
Die Sonne

Astrologie
Löwe

Metall
Gold

Tag
Montag

Farbe
Silber, Weiß,
Schwarz

Pflanzen
Myrte, Jasmin,
Vogelbeere

Düfte
Benzoe, Aloe,
Diptam, Rose, Lilie

Tiere
Wolf, Rotwild,
Katze

Wesen / Gottheit
Nuada, Khonsu, Sin,
Arianrhod, Hekate

MOND

Körper
Magen, Brüste

Steine
Mondstein, Perle,
Aquamarin, Achat

Grundprinzip
Yin,
weiblich

Tarot
Der Mond,
die Hohepriesterin

Astrologie
Krebs

Metall
Silber

184

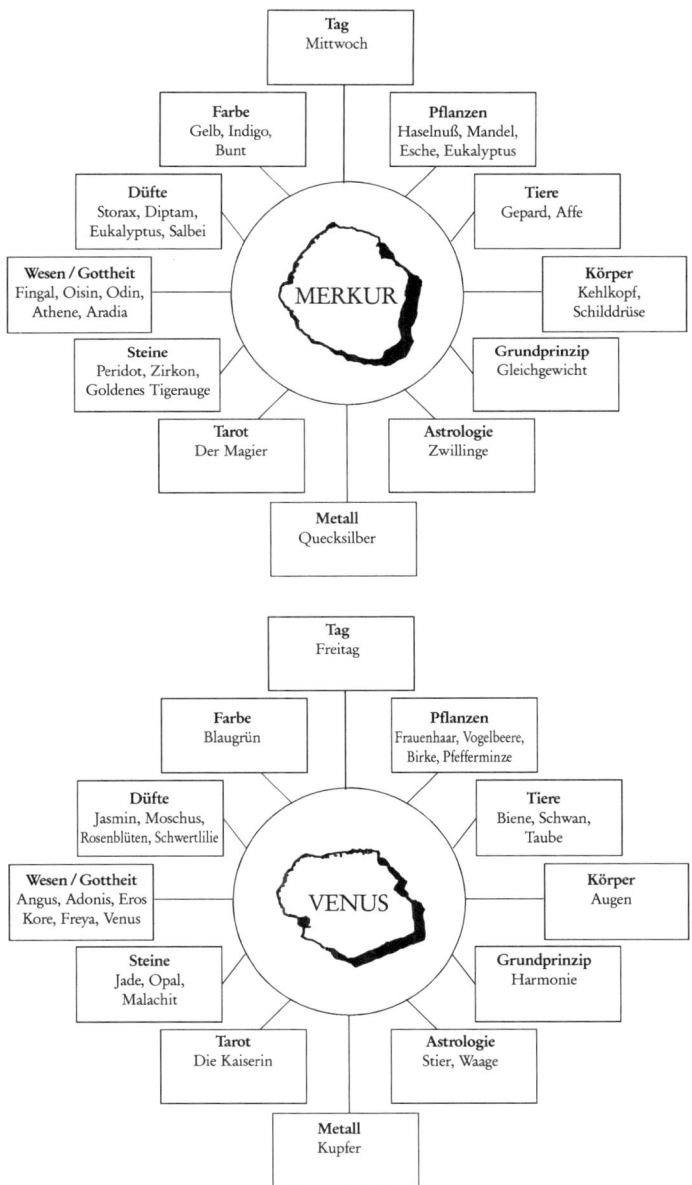

Tag
Mittwoch

Farbe
Gelb, Indigo,
Bunt

Pflanzen
Haselnuß, Mandel,
Esche, Eukalyptus

Düfte
Storax, Diptam,
Eukalyptus, Salbei

Tiere
Gepard, Affe

Wesen / Gottheit
Fingal, Oisin, Odin,
Athene, Aradia

MERKUR

Körper
Kehlkopf,
Schilddrüse

Steine
Peridot, Zirkon,
Goldenes Tigerauge

Grundprinzip
Gleichgewicht

Tarot
Der Magier

Astrologie
Zwillinge

Metall
Quecksilber

Tag
Freitag

Farbe
Blaugrün

Pflanzen
Frauenhaar, Vogelbeere,
Birke, Pfefferminze

Düfte
Jasmin, Moschus,
Rosenblüten, Schwertlilie

Tiere
Biene, Schwan,
Taube

Wesen / Gottheit
Angus, Adonis, Eros
Kore, Freya, Venus

VENUS

Körper
Augen

Steine
Jade, Opal,
Malachit

Grundprinzip
Harmonie

Tarot
Die Kaiserin

Astrologie
Stier, Waage

Metall
Kupfer

185

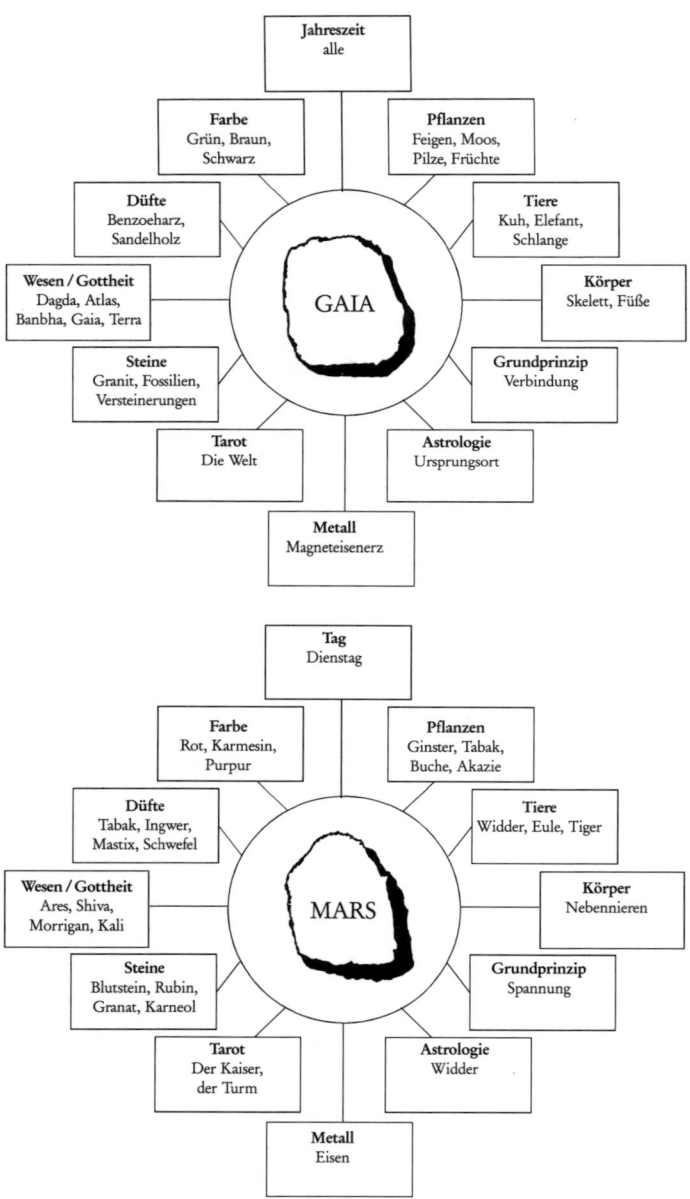

GAIA

Jahreszeit
alle

Farbe
Grün, Braun,
Schwarz

Pflanzen
Feigen, Moos,
Pilze, Früchte

Düfte
Benzoeharz,
Sandelholz

Tiere
Kuh, Elefant,
Schlange

Wesen / Gottheit
Dagda, Atlas,
Banbha, Gaia, Terra

Körper
Skelett, Füße

Steine
Granit, Fossilien,
Versteinerungen

Grundprinzip
Verbindung

Tarot
Die Welt

Astrologie
Ursprungsort

Metall
Magneteisenerz

MARS

Tag
Dienstag

Farbe
Rot, Karmesin,
Purpur

Pflanzen
Ginster, Tabak,
Buche, Akazie

Düfte
Tabak, Ingwer,
Mastix, Schwefel

Tiere
Widder, Eule, Tiger

Wesen / Gottheit
Ares, Shiva,
Morrigan, Kali

Körper
Nebennieren

Steine
Blutstein, Rubin,
Granat, Karneol

Grundprinzip
Spannung

Tarot
Der Kaiser,
der Turm

Astrologie
Widder

Metall
Eisen

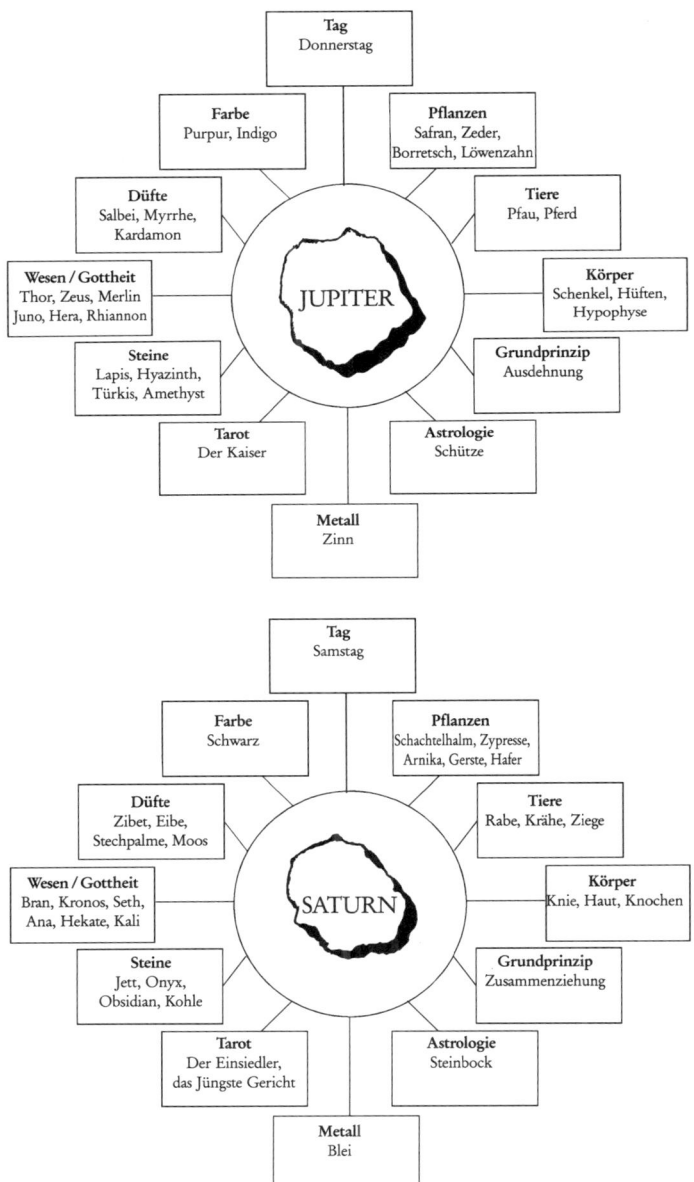

Tag
Donnerstag

Farbe
Purpur, Indigo

Pflanzen
Safran, Zeder,
Borretsch, Löwenzahn

Düfte
Salbei, Myrrhe,
Kardamon

Tiere
Pfau, Pferd

Wesen / Gottheit
Thor, Zeus, Merlin
Juno, Hera, Rhiannon

JUPITER

Körper
Schenkel, Hüften,
Hypophyse

Steine
Lapis, Hyazinth,
Türkis, Amethyst

Grundprinzip
Ausdehnung

Tarot
Der Kaiser

Astrologie
Schütze

Metall
Zinn

Tag
Samstag

Farbe
Schwarz

Pflanzen
Schachtelhalm, Zypresse,
Arnika, Gerste, Hafer

Düfte
Zibet, Eibe,
Stechpalme, Moos

Tiere
Rabe, Krähe, Ziege

Wesen / Gottheit
Bran, Kronos, Seth,
Ana, Hekate, Kali

SATURN

Körper
Knie, Haut, Knochen

Steine
Jett, Onyx,
Obsidian, Kohle

Grundprinzip
Zusammenziehung

Tarot
Der Einsiedler,
das Jüngste Gericht

Astrologie
Steinbock

Metall
Blei

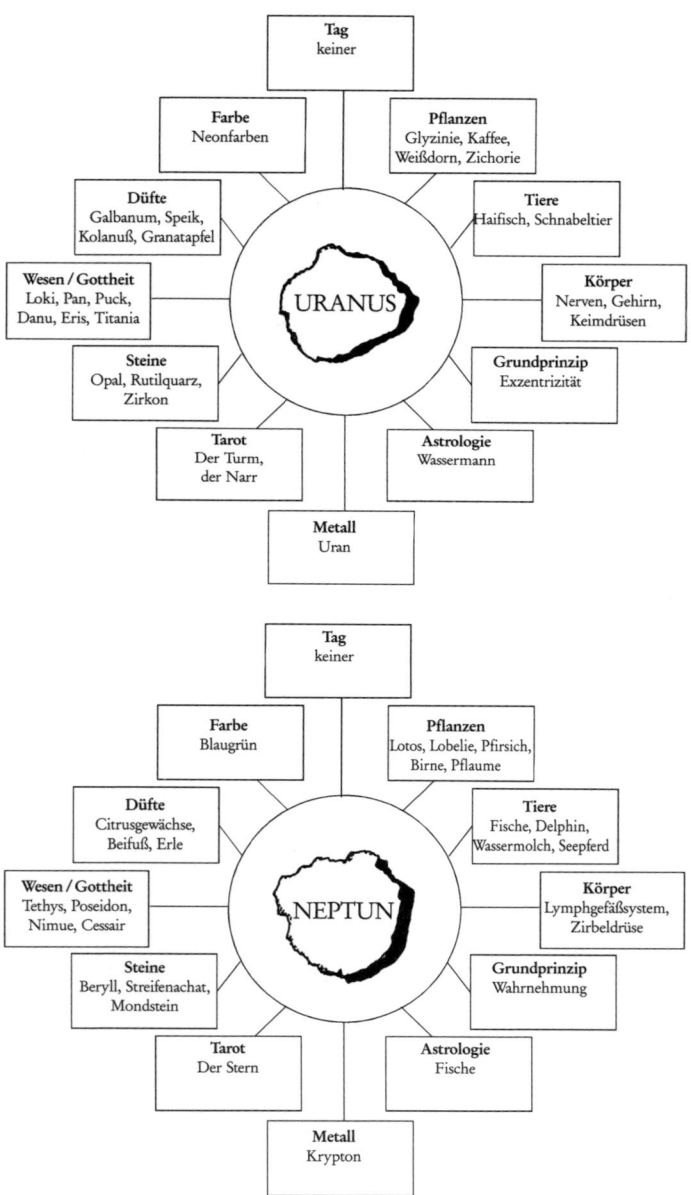

Tag
keiner

Farbe
Neonfarben

Pflanzen
Glyzinie, Kaffee,
Weißdorn, Zichorie

Düfte
Galbanum, Speik,
Kolanuß, Granatapfel

Tiere
Haifisch, Schnabeltier

Wesen / Gottheit
Loki, Pan, Puck,
Danu, Eris, Titania

URANUS

Körper
Nerven, Gehirn,
Keimdrüsen

Steine
Opal, Rutilquarz,
Zirkon

Grundprinzip
Exzentrizität

Tarot
Der Turm,
der Narr

Astrologie
Wassermann

Metall
Uran

Tag
keiner

Farbe
Blaugrün

Pflanzen
Lotos, Lobelie, Pfirsich,
Birne, Pflaume

Düfte
Citrusgewächse,
Beifuß, Erle

Tiere
Fische, Delphin,
Wassermolch, Seepferd

Wesen / Gottheit
Tethys, Poseidon,
Nimue, Cessair

NEPTUN

Körper
Lymphgefäßsystem,
Zirbeldrüse

Steine
Beryll, Streifenachat,
Mondstein

Grundprinzip
Wahrnehmung

Tarot
Der Stern

Astrologie
Fische

Metall
Krypton

188

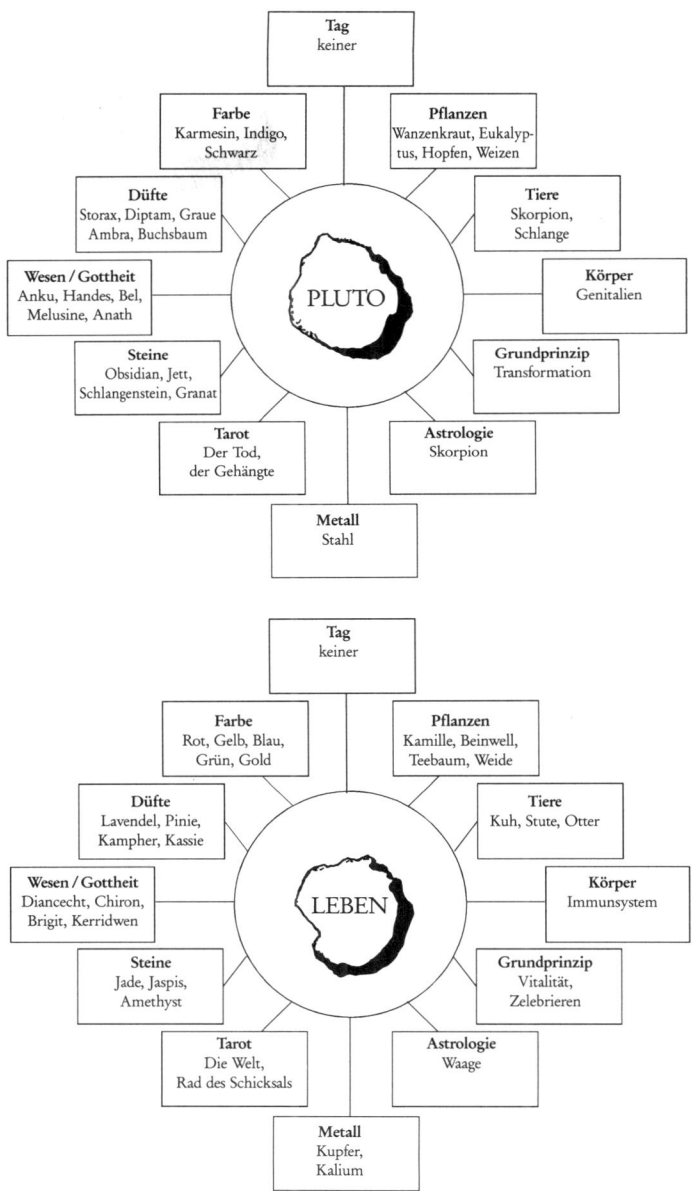

Tag
keiner

Farbe
Karmesin, Indigo,
Schwarz

Pflanzen
Wanzenkraut, Eukalyp-
tus, Hopfen, Weizen

Düfte
Storax, Diptam, Graue
Ambra, Buchsbaum

Tiere
Skorpion,
Schlange

Wesen / Gottheit
Anku, Handes, Bel,
Melusine, Anath

Körper
Genitalien

Steine
Obsidian, Jett,
Schlangenstein, Granat

Grundprinzip
Transformation

Tarot
Der Tod,
der Gehängte

Astrologie
Skorpion

Metall
Stahl

PLUTO

Tag
keiner

Farbe
Rot, Gelb, Blau,
Grün, Gold

Pflanzen
Kamille, Beinwell,
Teebaum, Weide

Düfte
Lavendel, Pinie,
Kampher, Kassie

Tiere
Kuh, Stute, Otter

Wesen / Gottheit
Diancecht, Chiron,
Brigit, Kerridwen

Körper
Immunsystem

Steine
Jade, Jaspis,
Amethyst

Grundprinzip
Vitalität,
Zelebrieren

Tarot
Die Welt,
Rad des Schicksals

Astrologie
Waage

Metall
Kupfer,
Kalium

LEBEN

Teil V
ANHANG

Anhang A

Orakeltücher für TraumSteine

Orakeltücher, die durch besondere Muster und Unterteilungen gekennzeichnet sind, geben dem Orakeldeuter die Möglichkeit, Steine nach bestimmten Zeitabschnitten anzuordnen – Tag, Monat und Jahreszeit. Die äußeren Ecken werden durch die Mondviertel markiert, so daß ein Stein, der in diesen Bereich des Orakeltuchs fällt, während der entsprechenden Mondphase größere Bedeutung für dich haben wird. In ähnlicher Weise ist die zentrale Darstellung mit den vier Symbolen für die Sonnwenden und Tagundnachtgleichen und den vier Quartalstagen markiert, den Höhepunkten der elementaren und kosmischen Gezeiten. Dadurch wird das Jahr (und dein Orakeltuch) in acht Abschnitte unterteilt, die von einem Mittelpunkt ausstrahlen.

Steine, die dem Mittelpunkt am nächsten in das kreisförmige Muster fallen, beziehen sich auf die wichtigsten Fragen und Probleme einer Deutung, und bei denen, die am dichtesten an den äußeren Rand fallen, handelt es sich um periphere Angelegenheiten oder, wie in dem Kapitel *Die Deutung des Orakels* besprochen, um Dinge, die zum Zeitpunkt des Steinwurfs ignoriert oder vermieden werden.

Es ist nicht unbedingt notwendig, ein Orakeltuch mit diesen Unterteilungen zu haben, und es ist auch nicht erforderlich, diese Unterteilungen für die Deutung, wie die Steine gefallen sind, heranzuziehen. Du kannst für deinen Steinwurf ruhig den blanken Boden oder ein ungemustertes einfarbiges Tuch verwenden. Ich habe das markierte Orakeltuch jedoch schätzen gelernt, da es mir die Wahl läßt, zwei verschiedene Deutungen zu machen: Die erste konzentriert sich auf das Energiemuster und die Beziehung zwischen den Steinen, und die zweite richtet sich auf die Entwicklung der Angelegenheiten über einen bestimmten Zeitraum hin.

Symbole und Unterteilungen

Die traditionellen Unterteilungen für ein Orakeltuch in der nördlichen Hemisphäre sind:

Norden	*Winter*	*Mitternacht*
Osten	*Frühling*	*Morgendämmerung*
Süden	*Sommer*	*Mittag*
Westen	*Herbst*	*Abenddämmerung*

und die gebräuchlichsten Unterteilungen für die südliche Hemisphäre sind:

Osten	*Frühling*	*Morgendämmerung*
Norden	*Sommer*	*Mittag*
Westen	*Herbst*	*Abenddämmerung*
Süden	*Winter*	*Mitternacht*

Das nachfolgende Orakeltuch ist in der oben beschriebenen Art und Weise unterteilt, wobei die Höhepunkte der elementaren Gezeiten an den entsprechenden Tagen markiert sind.

Ein TraumStein-Orakeltuch

Die ungefähren Daten für die Einteilung nach Kompaß-
punkten sind:

Frühlingsäquinoktium	22. März (Norden) / 22. September (Süden)
Sommersonnwende	22. Juni (Norden) / 22. Dezember (Süden)
Herbstäquinoktium	22. September (Norden) / 22. März (Süden)
Winteräquinoktium	22. Dezember (Norden) / 22. Juni (Süden)

Die Höhepunkte der elementaren Gezeiten fallen auf die
folgenden Quartalstage, die sich in jedem Jahr wiederholen:

1. Mai   2. August   1. November   2. Februar

Der Mondmonat hat vier Viertel, die an den Ecken des Orakeltuchs markiert sind. Jedes Mondviertel dauert ungefähr
sieben Tage. Ein Mond- oder Lunarmonat ist ungefähr 29
Tage, 12 Stunden und 44 Minuten lang und stimmt daher
nicht genau mit dem Kalendermonat überein. Jedes Kalen-
derjahr hat dreizehn Lunationen (Mondumlaufphasen).
Weitere Details über diese Zyklen sind in einem lunaren
oder astrologischen Kalender angegeben, der in den meisten
esoterischen Buchläden erhältlich ist.

Anhang B

Die Steine von Brisingamen
von Bill Beattie

Die Asen-Steine

Odin

Natürlich ist Odin der wirkliche Boß des Asen-Clans, doch trotz seiner anderen Darstellung in Comics entspricht sein Grundcharakter nicht dem chauvinistischen Männlichkeitsbild eines isländischen Zeus/Jahwe. Wenn du dich an die planetarischen Entsprechungen erinnerst, wird er den Gottheiten Merkurs und nicht denen Jupiters zugeordnet. Meistens tritt er in der Edda und den Sagas viel eher in der Gestalt von Merlin/Gandalf auf. In der europäischen Mythologie ist er auch der Schamane *par excellence*, ein ständiger Wanderer in den tiefsten Bereichen der Magie. In den Steinen verkörpert er Magie (in ihrer subtilsten und geheimsten Form), Schamanismus, Selbstdisziplin und das Selbst auf der Suche. Als solcher wird er als eine der Hauptfiguren zu beachten sein, die auf das hinweist, was wirklich stattfindet, und nicht auf etwas, was nur als oberflächlich anzusehen ist.

Frigg

Es überrascht nicht, daß diese Göttin mit Liebe, Freundschaft, Sexualität und Harmonie assoziiert wird. (Der deutsche *Freitag* ist *Friday* oder »Frigg's Tag« im Englischen und *Vendredi* oder »Venus' Tag« im Französishen. Diese linguistischen Entsprechungen treffen übrigens auf die meisten Wochentage zu.) Frigg ist mit Odin verheiratet, doch im Gegensatz zu den meisten Göttinnen der Asen, die (zumindest in der Literatur der christlichen Epoche) dazu neigten, völlig im Schatten ihrer Gefährten zu stehen, behält sie ziemlich viel Macht und Einfluß. Als Göttin der Liebe entspricht sie dem Grundprinzip der Verbindung. Dadurch kennt sie die Zukunft, »alles, was zu sein vom Schicksal bestimmt ist, obwohl sie dies selbst nicht sagt« (Ältere Edda). Bei einer Orakeldeutung können wir uns auf ihre Macht zu Verbindung konzentrieren.

Thor

Auch hier ist das Bild in den Comics nicht zutreffend. Thor, wie er sich in etwas älteren Quellen darstellt, ist weniger ein skandinavischer »Superman« als eine exzentrische Mischung aus Conan, Falstaff und einem jener äußerst dicken, haarigen, im Grunde liebenswerten, aber potentiell unberechenbaren Motorradfahrer, wie man sie immer noch hin und wieder trifft. Groß und stark, ein lärmender Prahlhals (wie sein Name sagt, ist er der Gott des Donners), geistig etwas beschränkt – doch es ist eine erfreuliche Nachricht, daß er auf unserer Seite steht. Es ist Thor, nicht Odin, der in dieser Mythologie der Gestalt Jupiters entspricht. Odin war ein Gott für Schamanen, Priester und Verrückte, Thor war der Beschützer des Volkes. Abgesehen von häufigen Kämpfchen mit Jötun (einem rivalisierenden Motorradclub jenseits des Wassers), ist er mehr ein Krieger der Verteidigung als des Angriffs. Bei einem Steinwurf wird er regelmäßig in der Funktion erscheinen, den Weg zu ebnen, Projekte zu unterstützen oder Schutz gegen Feindseligkeiten zu bieten.

Tyr

Tyr hat im eigentlichen Sinne mehr von einem Kriegsgott.

Er ist älter, geistig heller und vernünftiger als Thor, der von ihm die Funktion des Himmelsgottes übernahm. Thor entspricht den unbesonnenen Mächten der Naturenergie, die sich zu unseren Gunsten auswirken, während Tyr eine eher menschliche Stärke zu manifestieren scheint. Eigenschaften von physischer Gesundheit, Ausdauer, Mut und Willenskraft werden Begleiterscheinungen seines Steins sein.

Baldur

»Er ist der Beste von ihnen, und jeder singt sein Lob . . . so schön von Angesicht und licht, daß ein Glanz von ihm ausstrahlt . . . der Weiseste der Götter, der Wohlklingendste und der Mitleidvollste« (Prosa-Edda). Hier kommt, dem Wesen nach, die Sonne – und wie so viele Sonnengottheiten, ist auch Baldur (Baldr) ein getöteter und wiedergeborener Gott. Sein Vater Odin erreichte dieses Ziel in einer eher offenkundigen, an Christus erinnernden Art und Weise: Er hing an einem Baum und war von seinem eigenen Speer durchbohrt, doch handelte es sich dabei um ein rein schamanistisches Selbstopfer. Dagegen ist Baldurs Tod von weitaus umfassenderer Bedeutung. Als ein derart vollkommenes Beispiel für eine Sonnengottheit wird Baldur ein Hinweis sein auf alle traditionellen Attribute von Gesundheit, Schönheit, Milde und Glückseligkeit, in der Verflechtung mit Tod/Wiedergeburt, was davon abhängt, wie er durch andere Steine aspektiert ist.

Heimdall

Wenn Odin die mystischen Eigenschaften Merkurs verkörpert, dann hat Heimdall den Bereich von Bewußtsein und Kommunikation für sich gepachtet. Bei den Asen ist er der Nacht-(und Tag-)Wächter, der die Regenbogenbrücke nach Asgard bewacht. Nichts entgeht seiner Aufmerksamkeit – von Loki gelegentlich einmal abgesehen, denn der ist in diesen Dingen ziemlich geschickt. Heimdalls Stein steht sinnbildlich für Vorsicht, Wachsamkeit und die Fähigkeit, Situationen zu überprüfen und einzuschätzen.

Bragi

Bragi (Bragr) ist zwar keine Hauptgestalt innerhalb des Mythos, doch aufgrund seiner wertvollen Gaben an die Welt steht ihm ein Platz hier zu. »Er ist berühmt . . . am allermeisten wegen seiner Beredsamkeit und seinem Geschick im Umgang mit Worten. Er hat das größte Wissen von Dichtkunst, und von ihm bekommt Dichtkunst ihren Namen« (nach der Prosa-Edda ist *Bragr* das altisländische Wort für »Dichtkunst«). Wenn man seine Bedeutung erweitert, kann er für die Zwecke des Steinwurfs als Verkörperung unseres künstlerischen und kreativen Selbst angesehen werden.

Forseti

Eine besonders nützliche Person, wenn du sie in deinem Orakel in einer guten Position findest! Baldurs Sohn Forseti ist eine Gottheit der Urteilskraft und Konfliktlösung. »Alle, die mit rechtlichen oder anderen Streitigkeiten zu ihm kommen, gehen ohne Ausnahme versöhnt wieder fort« (Prosa-Edda). Dies könnte schließlich dein Lieblingsstein werden.

Loki

Und nun zu etwas völlig anderem . . . Loki wird bisweilen als der »Teufel« der nordischen Mythologie angesehen. Das scheint etwas hart zu sein – besonders angesichts der ziemlich unberechenbaren moralischen Gesinnung bestimmter anderer Hauptfiguren, wozu auch Odin selbst gehört. Die Mythologie ruht sich eigentlich nicht auf zu simplen Begriffen von Gut und Böse aus. Loki ist dennoch ein Störfaktor: ein zersetzender Chaot, Anarchist, Bilderstürmer – besten falls ein spöttischer Humorist, schlimmstenfalls ein vernichtender Zyniker. Seine Handlungen sind oft unvorhersehbar, selbst von Odin und Frigg, die darauf spezialisiert sind zu wissen, was Sache ist. Jawohl, so ist es, und bei jeder Form von Divination müssen wir etwas in Betracht ziehen, was sich uns nicht enthüllen wird. In einigen Mythen ist Loki der Bruder von Odin. Beim Steinwurf kann er es auf jeden Fall an Kraft mit ihm aufnehmen.

Die Wanen-Steine

Nerthus

Man könnte mich der Mogelei beschuldigen, wenn ich die Göttin Nerthus den Wanen zuordne, da sie schließlich dem ganzen Mythos der Asen und Wanen zeitlich vorausgeht. Tatsächlich ist sie die ursprüngliche Erdmutter, die uns unter diesem Namen im ersten Jahrhundert durch einen Bericht von Tacitus überliefert ist. Als chthonische Gottheit der Fülle scheint Nerthus den auf die Fruchtbarkeit ausgerichteten Wanen näherzustehen als den Asen. In einem Steinwurf wird sie die alte Magie und die tiefen Mysterien der Erde darstellen. Tacitus erwähnt auch ihre Assoziation mit Inseln, Seen und Wasserströmungen, was sie noch deutlicher mit Binah und den Entsprechungen Saturns verbindet.

Njörd

Für die Völker Islands und Skandinaviens war, und ist, das Meer eine Hauptquelle für ihre Ernährung. Njörd, Gott der Meere und Seeleute, genoß daher eine große Popularität. »Er herrscht über den Weg des Windes, stillt See und Feuer und wird für die Seefahrt und das Fischen angerufen. Er ist so reich und vermögend, daß er jenen in Hülle und Fülle Land

und Besitz verleihen kann, die ihn um Hilfe bitten . . .«
(Prosa-Edda). Bei einer Orakeldeutung wird er daher die
persönliche Situation in bezug auf Reisen (und die damit
verbundene Sicherheit) und vielleicht auch das Glück auf
den bewegten Meeren des Geschäftslebens anzeigen.

Freya

Ah, meine Lieblingsgestalt! Wie Frigg, mit der sie häufig
verwechselt wird, steht Freya in Verbindung mit Liebe, mit
Heilen und mit Odin. Sie ist auch eine Göttin der Hexen-
kunst, die sie den Asen beigebracht haben soll. Dieser
Aspekt, in Verbindung mit den ihr zuerkannten Eigenschaften von Fruchtbarkeit und Liebreiz sowie ihrer Fähigkeit,
»sich äußerst bereitwillig anrufen zu lassen« (Prosa-Edda),
machen sie zu einer idealen Schutzherrin der praktischen
Magie. Obwohl sie nicht explizit mit der Bilderwelt des
Mondes verbunden wird, ist sie durch ihre Schönheit und
ihr hexenhaftes Wesen sehr gut dafür geeignet, diese Entsprechungen auf sich zu ziehen.*

Freyr

»Er entscheidet darüber, wann die Sonne scheinen oder der
Regen herabfallen wird und damit über die Fruchtbarkeit
der Erde, und es ist gut, ihn wegen Frieden und Überfluß an-
zurufen« (Prosa-Edda). Wenn Freya, »die Herrin«, eine alt-
nordische Göttin der Hexen ist, so ist ihr Bruder Freyr, »der
Herr«, der Gott der Hexen. Ein gehörnter Gott ohne Hör-
ner – obwohl seine Darstellungen häufig phallisch sind und
im Gegensatz zu Thors kurzem, aber kräftigem Hammer
durchaus organisch. Freyr scheint ein besonders sanfter
Fruchtbarkeitsgott zu sein, der sowohl romantisch als auch

---

* Anm.: Brisingamen (von *brisa* = »glänzen«), Freyas Halskette aus Edelsteinen,
hat diesem Orakel seinen Namen gegeben.

erotisch ist, und seine Position in einem Steinwurf wird ein Hinweis auf den Stand der eigenen Produktivität (und Fruchtbarkeit) in allen Bereichen nützlicher Tätigkeiten sein.

Die anderen Steine

Der Hel-Stein

Hel ist sowohl eine Gestalt als auch ein Ort aus der altnordischen Mythologie, und beide sind nicht sonderlich nett. Hel ist ein Ort der Toten, und zwar der wirklich Toten; die noch etwas lebendigeren Toten werden von Freya, von Odin und seinen Walküren fortgeführt. (Leider ist es in diesem Zusammenhang nicht möglich, einen Blick auf die verschiedenen Plätze zu werfen, denen ein toter Wikinger entgegensehen konnte.) Hel ist jedenfalls ein Ort, wo niemals etwas geschieht, manchmal auch ein Ort der Gefangenschaft. Die personifizierte Form von Hel gehört zu Lokis bizarrer Nachkommenschaft, »halb schwarz, halb fleischfarben ... sie sieht recht grimmig und düster aus« (Prosa-Edda). Obwohl ihre zweifarbige Natur von Geschichte zu Geschichte anders erscheint, trifft das nicht auf ihre Gemütsverfassung zu. Bei der Deutung eines Steinwurfs versinnbildlicht der Hel-Stein Schwere und Stagnation.

Der Nornenstein

Die drei Schicksalsschwestern, die wir alle kennen (manche haben auch noch eigenartige Brüder), sind: Urd, Verdandi und Skuld – Vergangenheit, Gegenwart und Zukunft. Aber »es gibt jedoch noch mehr Nornen, jene, die zu jedem Kind kommen, das geboren wird, um sein Leben zu formen« (Prosa-Edda). Der altnordishe Schicksalsbegriff kann manchmal allzusehr im Glauben an eine Vorherbestim-

mung steckenbleiben. Grundsätzlich wird der Nornenstein
jedoch auf solche Ereignisse oder Situationen hinweisen, denen wir uns nicht entziehen können, vergleichbar den Tran-
siten in der Astrologie. Deine eigenen Ansichten über
Schicksal oder Karma werden dir Auskunft darüber geben,
wie dieser Stein zu deuten ist.

Der Elbenstein

Elben sind vieldeutige Geschöpfe in der nordischen Mythologie, und sie müssen weder wie Tolkiens hehre, vergeistigte
Götterwesen sein noch wie die manipulierenden egozentri-
schen Wesen in Poul Andersons *Schwert des Nordens*. Sie
sind anders als wir, von gefährlicher Schönheit und in ho-
hem Maße eigennützig. Ich komme jedoch ziemlich gut mit
ihnen zurecht, und daher bedeutet der Elbenstein für mich
Glück, Schönheit und Vergnügen. Ist er jedoch von mehreren gefahrvollen Steinen umgeben, können sie zu Dunklen
Elben werden. Und dann ist mit Problemen zu rechnen . . .

Der Zwergenstein

Zwerge wissen eine Menge über die praktischen Seiten des
Lebens, das heißt: über Arbeit, Geld, handwerkliches Können, Geld, Selbstvertrauen, Geld, manuelle Fertigkeiten,
Geld und nochmals Geld. Wenn sie bei einem Börsencrash
Verluste erlitten haben, sind sie schon in der folgenden
Nacht dabei, einen unterirdischen Gang zur nächsten Bank
zu buddeln. Sie sind irdisch, sie wissen zu überleben – und
bisweilen sind sie verdammt nützlich. Vernachlässige sie
nicht bei einer Orakeldeutung.

Der Jötun-Stein

Wieder der rivalisierende Motorradclub! Die Jötun sind
Riesen, nicht einmal unbedingt groß (in manchen Sagen

scheinen sie recht geschickt im Verändern ihrer Gestalt zu sein); doch fast immer sind sie irgendwie im Weg. Der Jötun-Stein zeigt Hindernisse und Herausforderungen an. Die Steine in seiner Umgebung werden den Weg über sie, um sie herum oder durch sie angeben – oder, wenn es sich dabei um Thors Stein handelt, wie der Jötun-Stein zu Geröll zerschlagen werden kann.

(Nachdruck mit freundlicher Genehmigung des Verfassers und der Zeitschrift *Shadowplay*, wo dieser Beitrag in Heft 18, Winter 1988, zuerst erschienen ist.)

Anhang C

Die Anfänge

Australien – ein altes Land mit einem alten Geist. Bevor die
Völker aus dem Norden hierherkamen, lebten und arbeiteten die Ureinwohner dieses Landes nach ihren Riten in Harmonie mit der Erde. Sie wußten, wo sie im Boden Quellen
mit frischem Wasser finden konnten, sie jagten mit der Ver-
stohlenheit des Windes im Gras, und sie markierten die Orte
der Traumzeit mit Ocker, den sie aus den Farben der lebendigen Erde gewonnen hatten. Als Kind von nördlicher (kel-
tischer) Herkunft, doch im modernen Australien aufge-
wachsen, wußte ich wenig von den alten Traditionen oder
den Bräuchen und dem überlieferten Wissen dieses Landes,
in dem ich geboren war; doch ich entwickelte meine eigenen
Gefühle und Mythen über die Geister meiner Lieblingsorte
im Busch. Die Felsen, Hügel, Flüsse und Meeresküsten haben ihre eigene Macht und Stimme, die ich flüsternd in den
Träumen meiner Kindheit vernahm.

Ehe ich lernte, daß die Traumzeit eine mythische Realität
der Ureinwohner Australiens ist, stellte ich mir vor, daß sie
ein Traum des Landes und seiner Geschichte sei; denn ich
hatte nur das Wort gehört, aber nie etwas über die Zusam-
menhänge erfahren. Ich stellte mir vor, daß die Erde so
träumte wie wir – als blitzartiges Aufleuchten von Farbe,
Form und Sinn – und daß diese Träume zu Steinen wurden
wie dem Opal und anderen Edelsteinen. Ich erinnere mich,
wie verwirrt ich darüber war, daß Edelsteine auch aus anderen Ländern kamen, die keine Traumzeit hatten; doch mit
der Zeit bin ich dann zu der Überzeugung gelangt, daß alle
Länder ihr eigenes Träumen haben.

Ich stellte mir vor, Erdträume wären Steine und Meeresträume Kiesel und Muscheln in leuchtenden Farben, und die Geschöpfe des Meeres machten diese Muschelschalen und Korallenriffe zu ihrem Heim – ebenso wie die Menschen in Höhlen und Hügeln lebten, die das Land für uns gemacht hatte. Als ich hörte, daß es eine Reihe von Geschichten und Mythen der Traumzeit gab, die von den australischen Aborigines erzählt wurden, fragte ich mich, wie ich die farbigen Steine dazu bringen konnte, mir ihre Geschichte zu erzählen; und gleichzeitig nahm ich an, daß sie keine Sprache sprechen würden, die ich verstehen konnte.

Als ich gesagt bekam, ich sei nun »zu alt für Märchen«, entdeckte ich die Mythologie. Meine Phantasiewelt bevölkerte sich mit mythischen Figuren aus Australien, Griechenland, Rom, Ägypten, Babylonien, Island und England. Durch diese Vermischung bekam ich ein ungewohntes und farbiges Bild von der Welt. Ich las von Odin und seinen Runen, dem Orakel von Delphi, von seltsamen Zeichen und Vorahnungen, die für verschiedene Völker eine eigene Bedeutung hatten. Die Vorstellung von geheimen Schrift- und Bildmustern in Steinen übte eine große Faszination auf mich aus. Ich erinnere mich daran, wie ich Stöcke und Steine, farbige Muscheln und von der See abgeschliffene Glasstücke sammelte; wie ich sorgfältig Muster in den Sand malte und mein buntes Sammelsurium auf die Spiralen und Kreise warf, die ich mit einem zugespitzten Stock gezogen hatte. Ich starrte sie unverwandt an und war davon überzeugt, daß sie irgend etwas bedeuteten – wenn ich sie nur auf die richtige Art und Weise betrachten könnte. Ich gab vor, das Orakel zu sein, eine Hexe, eine Seherin, eine Priesterin oder eine Gottheit – Spiele eines selbstgenügsamen Kindes mit einem reichen Phantasieleben. Dann kamen die Wogen des Ozeans, sie wuschen die Muster fort und nahmen die Steine zurück ins Meer.

Manchmal legte ich diese Muster am höchsten Flutwasserstand an, um zu sehen, wieviel davon nach ein paar Tagen übriggeblieben war. Zu anderen Zeiten schuf ich Steinmuster in kleinen Felsenbecken und baute Phantasieburgen und Labyrinthe, um Krabben, die wie Theseus in mein Spiel gelangten, in Verwirrung zu bringen. Diese spielerische Beschäftigung mit den Steinmustern geriet in Vergessenheit, als die Zeit und die Interessen der Jugend und Pubertät die Mythen des Mädchens überdeckten, bis die Suche nach spirituellem Verständnis sie Jahre später wieder aus ihrem Schlummer erweckte.

Eine Zeitlang wurde ich von Tarotkarten angezogen, da sie sehr farbig waren und meine Vorstellungskraft ansprachen. Doch in den Tiefen meines Geistes lebte ein Traum von Steinen. Auch wenn ich »wußte«, daß Steine durch Druck in der Erde auf verschiedene Minerale entstanden, konnte dies meine frühere Überzeugung von ihrem mythischen Ursprung nicht erschüttern.

Die persönliche Mythologie bleibt eine starke und verbindliche Kraft für die Richtungsbestimmung meines Lebens und meiner Ziele, und das ist ganz bestimmt der Fall mit Steinen. Dabei fallen mir William Blakes Worte ein: »Ich muß selbst ein System erschaffen oder bin durch das eines anderen gebunden. Ich will nicht urteilen und vergleichen: Meine Arbeit ist es, zu erschaffen.«

Das TraumStein-System gibt dir einen Wegweiser in die Hand, mit dem du deine eigenen Deutungen erforschen kannst, wie Energie in deinem Leben wirksam ist. Es beginnt mit der einfachsten Methode der traditionellen Lithomantie (Steinwurf), wobei drei Steine verwendet werden, und entwickelt dann die Fertigkeiten dieser Kunst weiter bis zum TraumStein-Orakel. Dieses ist unterteilt in das Stein-Pentagramm – fünf Steine, die für Erde, Wasser, Feuer, Luft und Geist stehen – und in die Drei Ringe, die aus Planetensteinen und solchen Steinen bestehen, die eine Entsprechung zu der Energie von Karma, Liebe, Leben, Magie, Göttin, Gott und Zufall darstellen. Die Inspiration zu den Drei

Ringen erhielt ich durch die Erwähnung eines traditionellen Divinationssystems in Doreen Valientes Buch *Witchcraft for Tomorrow*. Durch meine eigene Erfahrung und Beschäftigung mit Divination habe ich dieses und andere Systeme eingehend untersucht, beispielsweise Sand- und Knochenorakel aus Asien und Afrika, Kornorakel aus Nordamerika und Haiti, Wasser-, Wolken- und Naturdivination aus England, Irland und Australien. Elemente aus diesen anderen Systemen sind zusammengefügt und mit den TraumSteinen verschmolzen worden, wodurch das traditionelle System von dreizehn Steinen auf dreiundzwanzig Grundsteine erweitert worden ist.

Die Beweglichkeit der menschlichen Psyche – auf die Realität einzuwirken, sie zu formen und zu verändern, oder den Bezugsrahmen zu verändern, den du für die Deutung der Dinge im Leben verwendest – sowie die Symbole des Orakels und die Schulung in magischen oder psychologischen Techniken (wozu am Anfang die Übungen in diesem Buch dienen) werden dich erkennen lassen, wohin dein persönlicher Weg führt. Ich hoffe, daß du in diesem Buch Gedanken und Vorstellungen gefunden hast, die zur Entwicklung deines eigenen Deutungssystems für die Mysterien des Lebens beitragen werden.

Anhang D

Hinweise für Bezugsquellen
Musterseiten
Literaturverzeichnis

Die TraumSteine können selbst in Mineralienhandlungen oder den meisten esoterischen Buchläden zusammengestellt werden. Nachstehend einige Adressen, wo der komplette Satz bestellt werden kann.

England

»Mysteries«, 9-11 Monmouth Street, Covent Garden, London WC2H 9DA, G.B.

Vereinigte Staaten

»Mythos«, PO Box 21768, Seattle, Wa. 98111-3768, USA.

Australien

»Dreamstones«, GPO Box 1030, Canberra, ACT 2601, Australia.

Kontakte: »Shadowplay«, ed. Rhea Loader & Bill Beattie. P.O. Box 343, Petersham, N.S.W. 2049, Australia.

TRAUMTAGEBUCH

Datum   Jahreszeit

Mondphase   Tag des Zyklus

Bilder & Vorstellungen

Wichtige Energiemuster & Deutungen

SEITE

STEINTAGEBUCH

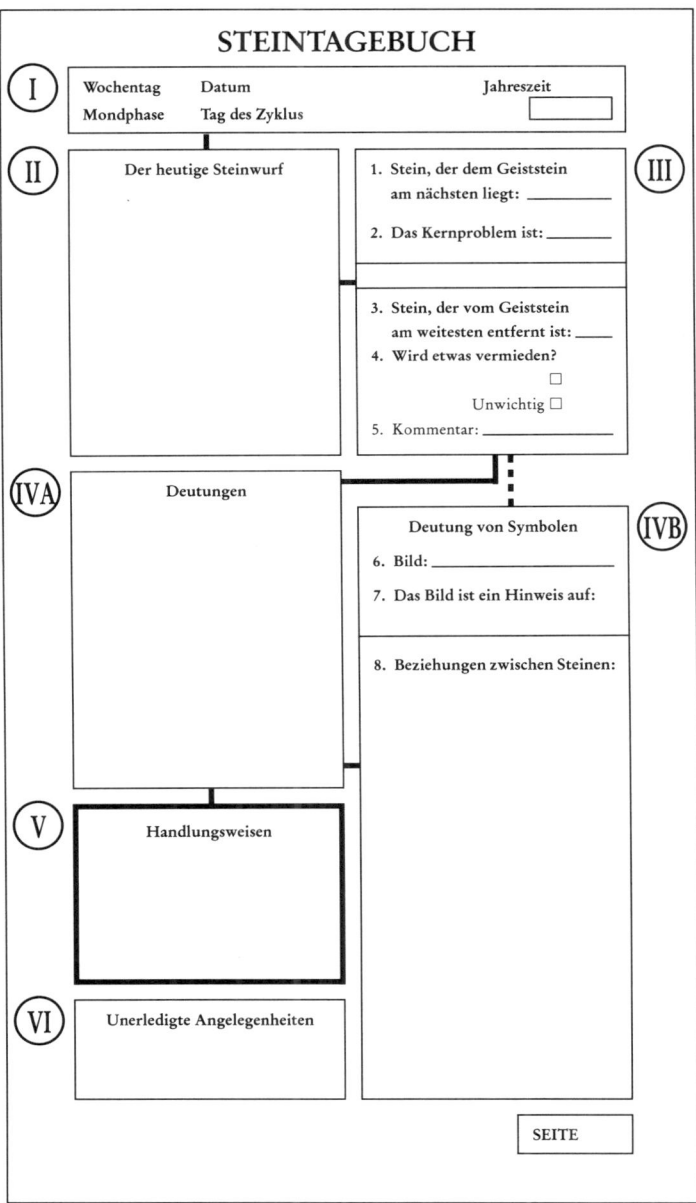

I

Wochentag   Datum   Jahreszeit

Mondphase   Tag des Zyklus

II

Der heutige Steinwurf

III

1. Stein, der dem Geiststein
   am nächsten liegt: _____

2. Das Kernproblem ist: _____

3. Stein, der vom Geiststein
   am weitesten entfernt ist: _____
4. Wird etwas vermieden?
   ☐
   Unwichtig ☐
5. Kommentar: _____

IVA

Deutungen

IVB

Deutung von Symbolen

6. Bild: _____

7. Das Bild ist ein Hinweis auf:

8. Beziehungen zwischen Steinen:

V

Handlungsweisen

VI

Unerledigte Angelegenheiten

SEITE

211

Bibliographie und weitere Literaturhinweise

Adler, M.: *Drawing Down The Moon: Witches, Druids, Goddess-Workshippers, and Other Pagans in America Today.* Boston 1986.

Agrippa von Nettesheim, Heinrich C.: *De Occulta Philosophia.* Drei Bücher über die Magie. Nördlingen 1987.

Anderson, Mary: *Einführung in die Numerologie* (Numerology, dt.). Basel 1988.

Anon: *The Complete Book of Fortune.* London 1936. Reprint London 1988.

Babcock, W.: *Jung, Hesse, Harold: A Spiritual Psychology.* The Harold Institute 1983.

Beyerl, P.: *The Master Book of Herbalism.* Custer, WA, 1984.

Blake, William: *Die Hochzeit von Himmel und Hölle.* Bad Münstereifel 1987.

Blakeley, J.D.: *The Mystical Tower of the Tarot.* London 1974.

Blum, Ralph: *Runen* (The Book of Runes, dt.). München 1985.

Bonewitz, P.E.I.: *Real Magic: An Introductory Treatise on the Basic Principles of Yellow Magic.* London 1972.

Bonewitz, Ra: *Der Kosmos der Kristalle* (Cosmic Crystals, dt.). München 1987.

Bradley, R.: *Dragonshadow.* Sydney 1989.

Buckland, R.: *Secrets of Gypsy Fortunetelling.* Saint Paul, MN, 1988.

Campbell, J. und Roberts, R.: *Tarot Revelations.* San Anselmo, CA, 1982.

Crow, William B.: *Die Magie der Edelsteine* (Precious Stones, dt.). Basel 1986.

Cunningham, S.: *Cunningham's Encyclopedia of Crystal, Gem & Metal Magic.* Saint Paul, MN, 1988.

Doczi, György: *Die Kraft der Grenzen* (The Power of Limits, dt.). München 1984.

Drury, Nevill: *Vision-Quest: A Personal Journey Through Magic and Shamanism.* Bridport, Dorset, 1984.

Fernie, W.T.: *The Occult and Curative Powers of Precious Stones.* San Francisco 1981.

Gawain, Shakti: *Stell dir vor.* Handbuch der kreativen Visualisierung (Creative Visualisation, dt.). Basel 1984.

Gray, W.G.: *The Rite of Light: A Mass of the Western Inner Mystery Tradition.* Cheltenham 1976.

Greene, Liz: *Schicksal und Astrologie* (The Astrology of Fate, dt.). München 1985.

Guthrie, W.K.C.: *The Greeks and their Gods.* Boston 1955.

Harding, M.E.: *Psychic Energy: Its source and transformation.* Princeton 1973.

Howard, Michael: *Magie der Runen* (The Magic of the runes, dt.). Basel 1987.

Hunger, R.: *The Magic of Amber.* London 1977.

I Ging. Das Buch der Wandlungen (in der Übersetzung von Richard Wilhelm). Jena 1924 ff.

Jacobs, J. (ed.): *Celtic Fairy Tales.* 1892. Reprint Mineola, NY, 1968.

Jung, C.G.: Gesammelte Werke. Freiburg, Olten. Bd. 12. Psychologie und Alchemie. 4. Aufl. 1984.

Katzeff, P.: *Full Moons: Fact and Fantasy about Lunar Influence.* East Melbourne, VIC, 1981.

King, X.F.: *The Encyclopedia of Fortune-Telling.* London 1988.

Kozminsky, I.: *Numbers: Their Meaning and Magic.* 1912. Reprint York Beach, NY, 1980.

Kunz, G.F.: *The Mystical Lore of Precious Stones.* 2 vols. 1913/1915. Reprint North Hollywood, CA, 1986.

Leland, C.G.: *Etruscan Magic and Occult Remedies.* New York, London 1963.

Lewis, I.M.: *Ecstatic Religion: An Anthropological Study of Spirit Possession and Shamanism.* London 1971.

Line, D. u. J.: *Schicksalsdeutung aus den Würfeln* (Fortune-Telling by Runes, dt.), Wellingborough 1984.

Malaclypse the Younger: *Principia Discordia, or: How I found Goddess and what I did to Her when I found Her.* (4. Aufl. o. J.)

Mann, A.T.: *The Round Art: The Astrology of Time and Space.* Limpsfield, London 1979.

Markale, Jean: *Die keltische Frau* (La femme celte, dt.). München 1984.

Medici, M.: *Good Magic.* London 1988.

Meyer, F.S.: *Handbook of Ornament.* Mineola, NY, 1957.

Neumann, Erich: *Ursprungsgeschichte des Bewußtseins.* 4. Aufl. Frankfurt 1989.

Osborn, M.: *Rune Games.* London 1982.

Paulsen, K.: *The Complete Book of Magic and Witchcraft.* New York 1971.

Pavitt, W.: *The Book of Talismans, Amulets & Zodiacal Gems.* 1914. Hollywood, CA, 1974.

Pedler, K.: *The Quest for Gaia.* London 1981.

Ranke-Graves, R. von: *Griechische Mythologie* (Greek Myths, dt.). Reinbek b. Hamburg 1986.

ders.: *Die Weiße Göttin.* Sprache des Mythos (The White Goddess, dt.). Reinbek b. Hamburg 1985.

Rees, A. u. B.: *Celtic Heritage: Ancient Tradition in Ireland and Wales.* New York 1961.
Ross, A.: *Everyday Life of the Pagan Celts.* London 1970.

Shuttle, P. u. Redgrove, P.: *Die weise Wunde Menstruation* (The Wise Wound, dt.). 5. Aufl. Frankfurt 1986.
Squire, C.: *Celtic Myth and Legend.* 1905. Reprint North Hollywood, CA, 1975.
Starhawk: *Der Hexenkult als Ur-Religion der großen Göttin* (The Spiral Dance, dt.). Freiburg/Br. 1983.
Stein, R.: *Your Child's Numerology.* Richmond, VIC, 1985.
Stevens, J.O.: *Awareness: exploring, experimenting, experiencing.* Noab, UT, 1971.
Stiskin, N.: *The Looking-Glass God: Shinto, Yin-Yang, and a Cosmology for Today.* Kyoto 1971.

Teish, L.: *Jambalya: The Natural Woman's Book of Personal Charms and Practical Rituals.* San Francisco, CA, 1985.
Thorsson, E.: *Runelore: A Handbook of Esoteric Runology.* York Beach, NY, 1987.

Valiente, Doreen: *An ABC of Witchcraft Past and Present.* London 1985.
dies.: *Natural Magic.* London 1985.
dies.: *Witchcraft for Tomorrow.* London 1978.

Weinstein, M.: *Positive Magic.* 1981.
Whitmont, E.C.: *Die Rückkehr der Göttin* (Return of the Goddess, dt.). München 1989.

Zukav, G.: *Die tanzenden Wu Li Meister* (The Dancing Wu Li Masters, dt.). Reinbek b. Hamburg 1985.

REGISTER*

Äquinoktium *siehe*
   Tagundnachtgleiche
Ätherische Öle
   Aufladung 61; Reinigung
   58
Asen-Steine 196-200;
   Baldur 198; Bragi 199;
   Forseti 199; Frigg 196-97;
   Heimdall 198; Loki
   199-200; Odin 196; Thor
   197; Tyr 197-98
Astrologie 14
Aufbewahrung 56
Aufladung 60

Beattie, Bill 174
   Brisingamen-Steine
   174-76, 196-204
Beyerl, Paul 60
Beziehungssteine 176-79
Bezugsquellen 209
Blake, William 27, 207
Brisingamen-Steine 174-76,
196-204
   Asen-Steine 196-200;
   Elbenstein 203; Hel-Stein
   202; Jötun-Stein 203-04;
   Nornenstein 202-03;
   Wanensteine 200-202;
   Zwergenstein 203

Deutung 41, 79, 82, *85,*
86-90, 95, 98
   für andere 83-84; von

Bildsymbolen 87-89, 95,
   97; Orakel 11, 82-84;
   Schlüsselassoziationen 13;
   siehe auch
   Schlüsselassoziationen
   Stein-Pentagramm 79,
   82-99; *siehe auch*
   Steintagebuch
Divination 11, 16-17, 33,42,
47-50
   Deutung 49; Elemente
   12; Methode 48;
   professionelle 159-167;
   Vorbereitung 47;
   Zeitfaktor 49
Drei Ringe *siehe*
   TraumStein-Kreise
   Elementarsymbole 54
Dritter Ring 106, 143ff.
   energetische Aufladung
   157; Göttin-Stein 152-54;
   Gott-Stein 150-51; Leben
   144-45; Liebe 146-47;
   Magie 148-49; Mandala
   157;
   Schlüsselassoziationen
   158; Zufall 155-56

Elemente 51-53
   siehe auch Erde, Feuer,
   Geist, Luft, Wasser
   Prinzipien 51-53;
   Symbole 54

---

* Kursiv gesetzte Ziffern beziehen sich auf Abbildungen

216

Energetische Aufladung 78
  Erster Ring 121; Zweiter
  Ring 139; Dritter Ring
  157; Stein-Pentagramm 75
Energie 55
Energiemuster 15, 28, 90-93,
94, 98;
  Aufzeichnung von
  Bildern 41; Divination
  50; Paare 90-91; Trigone
  91-93
Erde 63, 65-66
  siehe auch Gaia
Erde (Element) 17, 52;
  Novize 19
Erdgeist *siehe* Gaia
Erdstein 43- 65-66, 180, *182*
Erster Ring 104, 108 ff.
  energetische Aufladung
  121; Gaia 116-18;
  Mandala *121*; Mars
  119-20; Merkur 112-13;
  Mond 110-11;
  Schlüsselassoziationen
  122-124; Sonne 108-09;
  Venus 114-15

Feuer (Element) 17, 51-52,
63, 69-70
  Reisender 21-22
Feuerstein 69-70, 180, *183*
Frage-Stein 47-49, 180
  Faktor Zeit 49

Gaia 12, 25-26
  Gaia-Hypothese 25
Gaiastein 43, 116-118, 180,
186

Geist (Element) 63, 73-74
  Lehrer 23
Geistsein 73-74, 180
  Deutung für andere 83;
  Steintagebuch 86-87, 94,
  97
Göttin-Stein 152-54, 181
Gott-Stein 150-51, 181
Gruppensteine 176-79

Handlesekunst 14
Heimatstein 4 3

I Ging 13

Ja-Stein 47-49, 180
Jahrenszeitensteine 173

Jupiterstein 127-128, 181, *187*

Karmastein 137-38, 181
Karrierestein 173
Korrespondenzen *siehe*
Schlüsselassoziationen
Kräuter 61

Lebensstein 144-45, 181, *189*
Lehrer 23
Lehrling 19-20
Leonardo da Vinci 63
Liebesstein 43, 146-47, 181
Lithomantie *siehe* Steinwurf
Lovelock, James 25
Luft (Element) 17, 51, 71-72
  Magister 22-23
Luftstein 71-72, 180, *183*

Magiestein 148-49, 181
Mandala
  Drei Ringe 107; Dritter
  Ring *157*; Erster Ring

121; Stein-Pentagramm
75; Zweiter Ring *140*
Marsstein 119-20, 180, *186*
Merkurstein 112-13, 180, *185*
Mondstein 110-11, 180, *184*

Nein-Stein 49-49, 180
Neptunstein 133-34, 181, *188*
Novize 19
Numerologie 14

Orakel 11-12, 26, 33
    Deutung 11, 41-42, 82-84;
    unerledigte
    Angelegenheiten 90;
    Verhaltensweisen 89, 96,
    99; Wesen des 11
Orakeltuch *170, 193-194*

Pentagramm 63
    siehe auch
    Stein-Pentagramm
Plutostein 135-36, 181, *189*
Professionelle Divination
159-167
    normaler Klient 163;
    Opfer 165-66; Patient
    164; Silber in die Hand
    legen 160; Skeptiker 162;
    unvorbelasteter Klient
    161; Voyeur 163-64

Reinigung 58-59
Reisender 21-22
Runen 13, 15

Saturnstein 129-30, 181, *187*
Schlüsselassoziationen 13,
180-181
    Deutung 14; Dritter Ring
    158; Elemente 54, 76;

Energiemuster 15; Erster
    Ring 122; Zweiter Ring
    141
Sonnenstein 108-09, 180, *184*
Sonnwende 27, 195
Stein-Pentagramm 44, 63-64
    äußere Vorbereitung 77;
    Deutung 79; energetische
    Aufladung 78;
    Schlüsselassoziationen 76;
    Verschließen 80; Wurf 79
Steintagebuch *85*
    Beispiele für Steinwurf
    94-99; Deutung 81, 86,
    95, 98; Deutung von
    Bildsymbolen 87, 95, 97;
    Information 86, 94, 97;
    Musterseite *211*
Steinwurf 77-81
    Erster Ring, Beispiel
    124-26; Stein-Pentagramm
    57-60; Stein-Pentagramm,
    Beispiel 94-99, 124-26;
    Systeme des 174

Tagebuch *siehe*
    Steintagebuch,
    Traumtagebuch
Tagundnachtgleiche 27, 195
Tarot 13
Träume 33, 41
    Bilder 39; Freudsche
    Analyse 33; Jungsche
    Analyse 33
Traumstein 172
TraumStein-Kreise 103-107
    siehe auch Erster Ring,
    Zweiter Ring, Dritter Ring

TraumSteine 13, 17, *20*, 171, 205-08
   Aufbewahrung 56;
   Aufladung 60;
   Beziehungssteine 176-79;
   energetische Steine 29;
   und Energie 55; als
   Geschenke 31;
   Gruppensteine 176-79;
   Heilsteine 29; Mandalas
   107;
   Orakeltuch *siehe*
   Orakeltuch
   persönliche Wahl 31;
   Reinigung 58; ruhige
   Steine 28;
   Schlüsselassoziationen
   180-81; *siehe auch*
      Schlüsselassoziationen;
   Schutz 60;
   Stein-Pentagramm 44;
   siehe auch
      Stein-Pentagramm;
   Tagebuch *siehe*
   Steintagebuch; Träume
   33, 41; Wurf *siehe*
   Steinwurf; Zornessteine
   29
Traumtagebuch 37-44
   Bilder 39; Bilder,
   Aufzeichnen von 40;
   Eindrücke, Aufzeichnen

von 43; Musterseite *210;*
Vorbereitung 38

Uranusstein 131-32, 181, *188*

Valiente, Doreen 208
Venusstein 31, 114-15, 180, *185*
Vorzeichen 34-37

Wanen-Steine 200
   Freya 201; Freyr 201;
   Nerthus 200; Njörd 200
Wasser (Element) 17, 52, 63, 67-68;
   Lehrling 19
Wasserstein 67-68, 180, *182*
Weihrauch
   Aufladung 61

Zeitstein 174
Zufallsstein 155-56, 181
   Element des Zufalls 12-13
Zweiter Ring 105; 127 ff.
   energetische Aufladung
   139; Jupiter 127-28;
   Karma 137-38; Mandala
   140; Neptun 133-34;
   Pluto 135-36; Saturn
   129-30;
   Schlüsselassoziationen
   141; Uranus 131-32